La Respuesta

TODO ESTA EN SU CABEZA

ahora ya sabe
Amablemente,

DR. C

La Respuesta
Todo está en su cabeza
Ahora ya sabe, Amablemente, Dr. C

por Dr. C (Jorge Cardenas)

Derechos de author © 2017
Jorge Cardenas

ISBN-13: 978-1981521432
ISBN-10: 1981521437

Arte de cubierta, "Mi ascencion", pintado por Jennifer L Simmons © abril 2015
Foto interior © Jennifer L. Simmons
Diagrama de flujo © Jorge Cardenas
Cubierta y diseño de libro por Suzanne Fyhrie Parrott

DEDICACION

Cuando yo era muy joven y estaba llenando mi cerebro con conocimiento, también me estaba llenando con orgullo. Mi orgullo no era falso. Mi orgullo venia de mis conquistas. El orgullo resulto porque eso es lo que este mundo ofrece. Me sentí bien por un rato, especialmente que me hacía sentir en competencia con el resto del mundo y yo iba ganando. Con el descubrimiento de la energía de crear, empecé a aplicarla en diferentes partes de mi vida. Yo empecé a ver el mundo de una manera diferente. La realización de mi habilidad de crear y poder controlar mi realidad hicieron que mis éxitos del pasado se vieran como accidentes designados a ocurrir por un creador que aun no había reconocido.

Una gran diferencia entre la gente que obtiene éxito y los que tienen más fracasos es la presencia de un mentor, generalmente nuestros padres, quienes accidentalmente entrenan al estudiante con más éxito más pensamientos positivos que negativos. Esta observación me hizo reconocer que yo recibí un par de padres increíbles, quienes continúan afectándome para que cada día me esfuerce más. Por lo tanto, es a mi padre y a mi madre que yo doy gracias. Yo empecé a observar que mi orgullo empezó a disminuir y mi sabiduría empezó a crecer.

Yo empecé a notar la influencia que otra gente había tenido, y tienen en mi vida. Mi esposa, mis hijos, mi Ava, mis profesores, mis hermanos y mis compañeros de trabajo. Empecé a notar que durante todo el tiempo he estado rodeado por gente de increíble talento y que mis éxitos no fueron un esfuerzo individual único, pero casi como el esfuerzo de un equipo que tenía como propósito darme una vida increíble.

Reconociendo la energía de crear me causo preguntarme, Quien creó esta vida tan linda para mí? La respuesta es simple: Mi creador. El se le conoce por muchos nombres pero yo prefiero el nombre Abba. Mi orgullo desapareció cuando me di cuenta que por mucho tiempo mi Abba ha estado creando y preparando el paseo perfecto para mi vida.

Así que es a Dios, mi Abba, mi creador, Jesucristo, a quien dedico este libro. Es a él a quien yo doy todo el reconocimiento y gloria eterna y por siempre, Amen.

Contenido

CAPITULO UNO
EL TRABAJO QUE USTED DEBE HACER. 10

CAPITULO DOS
TODO EMPIEZA CON UN PENSAMIENTO. 13

CAPITULO TRES
LOS PATRONES QUE YO VEO. 17

CAPITULO CUATRO
LA ENERGIA DE UN PENSAMIENTO .21

CAPITULO CINCO
MAS DETALLES DE EL PODER CREADOR 26

CAPITULO SEIS
LAS OBSERVACIONES MAS PROFUNDAS 32

CAPITULO SIETE
LA REALIDAD 37

CAPITULO OCHO
LA LEY CARDENAS 41

CAPITULO NUEVE
SU REALIDAD PERSONAL 47

CAPITULO DIEZ
EL DESCUBRIENDO DEL TIEMPO
Y LA APLICACIÓN DEL TAMAÑO 51

CAPITULO ONCE
MI DESILUSION 55

CAPITULO DOCE
ALGUNOS VERSOS DE LA BIBLIA 61

CAPITULO TRECE
EL CREADOR 66

CAPITULO CATORCE
QUE ME DICE LA BIBLIA 71

CAPITULO QUINCE
PECADOR VS SANTO 75

CAPITULO DIECISÉIS
EL DIOS QUE CREAMOS Y EL DIOS DE LA BIBLIA. 81

CAPITULO DIECISIETE
UN EJEMPLO MALO 88

CAPITULO DIECIOCHO
IRA, CULPA Y RESOLVIENDO MI PASADO 92

CAPITULO DIECINUEVE
MIEDO, LA VOLUNTAD DE DIOS,
CREANDO MI FUTURO 100

CAPITULO VEINTE
LA ORACION Y EL PODER CREATIVO 106

CAPITULO VEINTIUNO
CRIANDO HIJOS Y EL PODER CREATIVO. 111

CAPITULO VEINTIDOS
EL RACISMO. 116

CAPITULO VEINTITRES
PENSAMIENTOS PARA EVITAR Y
PENSAMIENTOS PARA REPETIR 122

CAPITULO VEINTICUATRO
CONCLUSION 126

PROLOGO

Cuando uno escoge sentarse a observar la vida, nuestra vida y la vida de otros, vemos el resultado de sumar actos inesperados, acciones, consecuencias y costumbres. La experiencia única de cada individuo parece ser la secuencia de actos que nos hacen sentir casi sin control. No somos capaces de explicar todos lo ocurrido de una manera lógica. Por qué es que existen individuos quienes tienen más éxitos que otros, quienes tienen el mismo grado de educación y el mismo nivel de inteligencia?

Nosotros empezamos nuestras explicaciones con la adición de otros factores como la genética, suerte, el destino, karma y Dios. Además le añadimos factores como favor divino y la presencia de un Dios que parece distante y difícil de alcanzar. Concluimos que nosotros somos incapacitados o sin la habilidad de cambiar nuestras circunstancias.

En el final del análisis, aceptamos una vida mediocre, sin satisfacción, con muchas derrotas en nuestro pasado. Finalmente aceptamos que esta vida es la vida que el destino nos dio y que no tenemos otra opción. Es eso cierto? O por el contrario , Puedo yo cambiar mi destino? Y si yo puedo cambiar mi destino, podría estar seguro de que me va a gustar lo que yo voy a crear?

La respuesta es,

Si!

Yo voy a guiarlos a través de los pasos requeridos para que usted cambie su vida de una manera que a usted le va a gustar lo que va a crear y durante este proceso va a aprender que esta vida es muy simple y fácil. El único problema ha sido, que hasta este momento usted no ha sido entrenado correctamente. Una vez que usted acepte este entrenamiento, usted va a empezar a utilizarlo. Usted va a desarrollar una actitud de control sobre su vida que no ha sentido hasta este momento. Usted más tarde, de su propio interés va a continuar buscando niveles más altos de sabiduría que finalmente le llevaran a unirse con el creador de este mundo.

INTRODUCCION

Mi historia como la historia de cualquier persona, puede decirse describiendo los eventos que me sucedieron, pero esa historia no es la historia real. Esta historia es simplemente la colección de eventos que otras personas ven y recuerdan. La verdadera historia está desarrollándose en la cabeza del individuo y aquí parece que hay una guerra que se está peleando en la mente. Esta es mi verdadera historia, pero puede únicamente ser descrita, pero nunca es compartida por qué otras personas no pueden sentir los eventos desplegándose en mi mente.

Mi historia para este libro empieza hace 15 años, yo había estado divorciado por varios años, era gordo, y estaba fracasando en mi habilidad de guiar a mis hijos. Yo trabajaba de médico y era estable financieramente. Yo crecí como católico y yo rezaba con frecuencia. Aun así, en mi mente, yo me sentía solo y triste, con miedo, frustrado, inseguro, dudoso de mi futuro y el futuro de mis hijos. Mi dinero perdió su importancia porque falló en traerme lo que yo más quería, paz mental.

Yo estaba buscando la satisfacción de vivir, propósito para mis acciones y satisfacción con mi realidad. Aun así, todo se sentía extraño, desconocido, como si estuviese por fuera de mi cuerpo, reconociendo todo, pero me sentía sin control, como que todo era artificial. Los placeres humanos los encontraba sin satisfacción. Posesiones se hicieron como huecos en la tierra y poseer influencia sobre otros tenía un sabor amargo.

Yo siempre he tenido la idea de que había cosas cerca de mí que yo no había podido ver o encontrar. Una sensación de que la felicidad, el propósito de vivir y la alegría eran muy posibles. Esto únicamente aumentaba la frustración que yo sentía. Yo recuerdo cuando joven en Colombia, pidiéndoles a mis amigos que leyéramos la biblia para aprender de las cosas de Dios, pero nunca teniendo éxito en convencer a nadie. Creciendo en Colombia como católico tradicional , leer biblia no era muy común. Sería mejor decirlo de esta manera: leer la biblia en mi casa no era común. Pero aun así, el interés por los secretos de esta vida, han estado conmigo desde muy joven.

Yo leí libros como "el secreto", "el regalo" , ' el sistema maestro", nombrando algunos. Lo que yo concluí después de leer estos libros es que parecía que nuestros pensamientos tienen una energía. Yo recuerdo haber leído que un cierto investigador en Japón estaba estudiando la estructura del agua helada. En un día, cuando su humor no era bueno, la estructura formada apareció irregular. Al día siguiente, cuando el ya se sentía mejor, la estructura vista en su experimento fue más regular, un cristal perfecto de hielo/ nieve. La única diferencia aparentemente era su estado de humor, o, así concluyó el investigador.

Habiendo sido entrenado en biología y química y aun más tarde como médico, la interpretación de todos estos detalles no seguía ningún proceso lógico que yo había aprendido durante mi entrenamiento. Además, otros detalles observados continuaban entrando en mi mente, multiplicando el estado de mi confusión. Uno de los detalles que yo había escuchado es "el poder de pensar positivamente". Además yo leía estudios científicos donde se confirmaba que aquellos que viven felices, también viven más y con mas salud.

Poco a poco, la información estaba entrando en mi cerebro como los pedazos de un rompecabezas. Mi cerebro científico empezó a explorar la posibilidad de que los pensamientos parecen tener energía y no la hemos empezado a estudiar o entender.

Mi entrenamiento científico empezó a tomar liderazgo y empezó a reunir toda esta información que estaba desconectada. Esto ocurrió cuando mi problema más grande era mi obesidad. Yo pesaba cerca de 240 libras, me sentía mal, incomodo cuando tenía que moverme; sentía miedo de la diabetes y de morir joven. Mi cerebro estaba lleno de conocimiento de biología, química, anatomía, diabetes, hipertensión, metabolismo y ejercicio. Todos mis conocimientos no tenían valor y no me ayudaban a solucionar mi problema. El dilema era verdadero. Yo sabía lo que tenía que hacer, pero me sentía incapaz de hacerlo. Me sentía paralizado de avanzar en la dirección que yo veía en mi mente. Me sentía como la persona que se está ahogando aun cuando sabe nadar, pero sin capacidad de moverse. Mi obesidad se estaba empeorando. Yo, era el doctor gordo, sugiriéndoles a mis pacientes que perdieran peso. Me sentía desesperado.

Mi cerebro no permitía que la idea de que los pensamientos tienen energía desapareciera. Por lo tanto, yo decide preparar un experimento y decide observar las consecuencias. Y como todo científico pobre, decidí actuar de sujeto. Siendo tacaño por naturaleza era un bono porque no me tenía que pagar nada. El experimento era abierto de expectativa; Yo únicamente quería observar resultados.

La idea que yo escogí fue: "me veo muy bien". Yo empecé a repetir esta idea, este pensamiento día y noche y empecé a observar que cambios podrían resultar, de nuevo sin expectativas. Lo primero que empezó a pasar fue que en mi cerebro, yo empecé a ver imágenes de lo que yo consideraba atractivo en los hombres. Yo estaba poniendo atención a los aspectos físicos de los modelos masculinos y empecé a escoger que aspectos eran más atractivos y que partes no eran. Una imagen empezó a formarse en mi cabeza y cada vez que yo repetía "Me veo muy bien" yo veía esta imagen.

Más o menos hacia el mismo tiempo, hice la decisión de eliminar harinas y el azúcar, como la dieta de Adkins con la excepción que yo comía mucha fruta, a la cual estaba muy acostumbrado. Yo no cambie la cantidad de comida, únicamente elimine las harinas y el azúcar obvio. En el primer mes perdí 30 libras casi sin esfuerzo o sacrificio como me había sucedido en el pasado.

Aun recuerdo cuando me estaba viendo en el espejo y mire por primera vez que yo tenía clavículas; La sonrisa que me sobrevino fue bonita porque mi cerebro como en reflejo grito: "me veo muy bien".

La epifanía: la idea o el pensamiento "me veo muy bien" se estaba volviendo mi realidad.

Por lo tanto, este libro es acerca de la energía que los pensamientos tienen y como controlarla; Este libro realmente contiene 2 partes. La primera parte contiene los elementos básicos acerca de los pensamientos o conocimiento y la segunda parte es la práctica requerida basada en el conocimiento adquirido. Si usted se limita a leer este libro sin practicar los ejercicios requeridos, usted ha recibido únicamente conocimiento y por lo tanto usted va a continuar siendo incapaz de cambiar su vida de una manera significativa. La razón es porque el conocer sin practicar no va a ser suficiente para cambiar su comportamiento.

Si usted se compromete a los ejercicios recomendados, usted va a obtener la energía capaz de cambiar todo lo que no le gusta de su vida y también va ser capaz de obtener más de las cosas que le ofrecen más placer en su vida.

CAPITULO UNO

EL TRABAJO QUE USTED DEBE HACER

Si un libro no es capaz de ayudar o mejorar su vida, no debería leerse. Esto ocurre con este libro. El efecto está en la aplicación de lo que se está enseñando que causa el cambio que usted desea. Yo entiendo que en este momento yo no he proveído mucha información, pero quiero pedirle que confíe en mí, temporalmente, hasta que usted empiece a ver los cambios en su vida. Una vez que usted se dé cuenta de su poder, usted va a creer todo el tiempo.

El primer paso a tomar es muy simple: nosotros, usted y yo, debemos crear un medio ambiente donde la energía de sus pensamientos es creada y multiplicada en una dirección específica de nuestra conveniencia. Yo recomiendo dos actividades.

La primera actividad: tome varias tarjetas de 10 x 15 centímetros y escriba el siguiente mensaje: "Gracias a Dios, Mi vida se mejora mas y mas todo el tiempo".

Yo le sugiero que utilice un marcador grueso y brillante para que cada letra se pueda leer fácilmente cada vez que usted pase cerca. Coloque estas tarjetas en lugares donde pase durante el día. Yo he puesto las mías en el espejo, en la cocina, en la pared en frente de mi escritorio, y en mi escritorio. Cada situación es diferente e individual pero la meta es la misma: repetición. La idea es que cuando vea la tarjeta, su cerebro automáticamente va a repetir la frase : "Gracias a Dios, Mi vida se mejora mas y mas todo el tiempo".

La segunda actividad es más intencional y menos automática. Yo tengo la sospecha que va ayudar más, pero al final , esta dos actividades se unirán para crear una vida mejor muy específica, que yo pienso la mayoría de la gente desea. Usted debe obtener un cuaderno como los que ha usado en el colegio. Yo recomiendo uno que tenga al menos 25 líneas para escribir. Su trabajo es escribir el siguiente pensamiento de una manera consecutiva hasta que llene toda la página.

"Gracias a Dios, hoy soy más sabio, más amable, mas sumiso a Dios, mas fuerte, más saludable, más adinerado y más valiente".

Esta es una oración larga y por lo tanto suponga que va a tomar más de un renglón del cuaderno que yo sugiero. La idea es repetir. Yo recomiendo que escriba una página en la mañana y otra página por la noche. Este ejercicio es como orar en privado excepto que la oración es exclusiva para causar que su mente este enfocada.

Yo he incluido una foto como ejemplo pero no permita que las diferencias lo distraigan. La idea es la repetición de esta frase específica.

Estas dos actividades no son los únicos momentos que usted puede repetir estas frases, Yo recomiendo que estos pensamientos se conviertan parte de su ADN y que usted los repita constantemente de día y de noche.

La primera cosa que usted va a notar en su mente es la existencia de unos pensamientos que contradicen los pensamientos que yo le he pedido que escriba. La idea es que cuando un pensamiento negativo aparece en su mente, usted tiene el pensamiento y frase correcta y todo lo que usted tiene que hacer es tomar la decisión intencional de repetir los pensamientos que yo le ofrezco. Quiero que entienda que usted no tiene que estar de acuerdo con estas frases y que tenga que gustarle. Por ahora lo único que se tiene que hacer es la repetición intencional. Más tarde cuando tenga más experiencia, va ha ser capaz de cambiar la oración de una manera que va a obtener sus metas y deseos.

Durante mi periodo de experimentación con pensamientos, yo hice otra forma de repetición, pero no creo que sea necesaria a menos que le guste la tecnología. Yo simplemente hice una grabación de la frase que yo le sugerí que escribiera. Yo cree un MP3 y lo puse como música en mi teléfono celular. Después cree una lista de reproducción con este mp3 únicamente. Cuando yo estoy solo , yo lo pongo a funcionar de manera que yo escucho mi propia voz. La idea es intensificar la repetición.

Al principio, yo recomiendo los dos primeros ejercicios y más tarde puede crear su mp3. Lo que yo sospecho, va a pasar, es que su cerebro va a volverse más organizado y va a empezar a priorizar sus acciones. Usted también va a sentir el deseo de hacer ciertas acciones. Estas acciones tienen consecuencias. Las consecuencias de estas acciones van a crear una vida que es mucho mejor que cuando empezó a leer este libro. Yo no puedo decirle que acciones debe hacer porque cada individuo tiene un camino diferente a seguir, y por lo tanto sus acciones van a ser diferentes a las mías.

CAPITULO DOS

TODO EMPIEZA CON UN PENSAMIENTO

Yo quiero que mire en el cuarto que usted está ahora. Mire alrededor y quiero que se enfoque en un objeto específico como una mesa, más específicamente la mesa de centro. Si se pone a pensar cómo es que esta mesa apareció, uno podría explicar su historia moviéndose en su línea del tiempo en reverso. Antes de que este objeto se pudiese llamar mesa, un carpintero tuvo que pintarla. Antes de que el carpintero pudiese pintarla, el carpintero tuvo que pegar los pedazos de madera. Antes de que el carpintero pudiese pegar los pedazos de madera, el carpintero tuvo que medir y cortar la madera de una manera precisa. Quiero que se dé cuenta que los pedazos cortados tenían diferentes formas, medidas y que las conexiones hechas no fueron irracionales. Todos estos pasos fueron muy específicos.

Continuando el proceso en reverso. Antes de que el carpintero fuese capaz de comprar y cortar la madera, pegante y pintura, el carpintero tuvo que convencerse de él era capaz de hacer una mesa. La mesa del centro no fue una mesa cualquiera, esta mesa era muy específica. La imagen o la foto de la mesa apareció en la mente del carpintero. Un momento antes de que el carpintero hubiese sido capaz de decidir que mesa él iba a hacer, otras imágenes de otros tipos de mesas aparecieron en su mente. El carpintero tuvo que escoger entre mesas de billares, mesa de comedor, mesa de cirugía, mesa para lámparas o mesa del centro. Este proceso también incluyo la decisión de materiales que se iban a usar. El carpintero pudo haber escogido vidrio, metal, plástico o madera. Como sabemos que la mesa es del centro y es de madera, nosotros podemos deducir que el carpintero escogió madera y el resto de los materiales requeridos. Este carpintero tenía la imagen de la mesa del centro hecha en madera en su mente. Entonces esta mesa que usted está viendo, podemos concluir que la mesa empezó con un pensamiento, una idea en el cerebro del carpintero. La idea o pensamiento era la imagen de la mesa de centro, la cual usted escogió para este análisis.

Otra observación que quiero que entienda es que un tiempo ha pasado entre la primera vez que la idea apareció en la mente del carpintero y el momento que la mesa de centro se convirtió en una realidad física. Este proceso de creación no fue magia en el cual, un carpintero movió su nariz y la mesa apareció. El carpintero tuvo que persistir en su idea. Otra manera de expresar lo mismo seria diciendo que el carpintero repitió su idea de hacer una mesa de centro. Más tarde , el carpintero, no otra persona, tomo los pasos requeridos para crear la mesa.

Si estamos de acuerdo que la mesa que usted ha escogido, empezó con un pensamiento, una idea, nosotros podemos extender el mismo análisis a todos los objetos que se encuentran en el mismo cuarto donde empezamos esta conversación. El sofá, las almohadas, la alfombra, las obras de arte. Por ejemplo, si estoy viendo el sofá y alguien me pregunta, como fue que este sofá se creó? Yo puedo cómodamente y sin miedo responder que el sofá empezó con un pensamiento.

Para el segundo ejemplo de este capítulo, yo voy a discutir mi profesión. Yo soy un médico y yo practico obstetricia y ginecología. El mismo análisis se puede hacer como lo hicimos con el ejemplo de la mesa de centro. Todo lo que debemos hacer es caminar en reverso a través del tiempo para poder llegar al primer paso que culmino con el hecho de que yo soy un médico.

Antes de yo pudiese trabajar de médico y antes de alguien me diera un trabajo de médico, Yo tuve que obtener una licencia del departamento de medicina estatal. Antes de que yo recibiera la licencia, yo tuve que comprobarles de que yo había terminado mi entrenamiento de Ginecología y Obstetricia. Mas antes de este paso tuve que probar a los directores de mi residencia que yo había culminado los estudios de medicina. Antes de empezar a estudiar medicina yo tuve que probar que había terminado los estudios universitarios, haber tomado los exámenes de admisión y también tuve que obtener las cartas de recomendación de mis profesores.

Quiero hacer énfasis en el hecho que los pasos tomados para ser médico fueron muy específicos, estos pasos no fueron desorganizados. Yo recibí que pasos tomar simplemente porque desde muy joven yo había estado repitiendo "Voy a ser un médico". Moviéndonos un paso más atrás, antes de poder decir "Voy a ser médico" , "voy a ser un médico" era un pensamiento; esto era una imagen en mi mente. Aun en este momento recuerdo con mucha claridad que yo estaba viendo un episodio de televisión, Marcus Welby MD. Cuando empecé a entretener este pensamiento. No había mucho de especial de este pensamiento. Lo único que diferencio este pensamiento de los otros millones de pensamientos es que decidí repetirlo. Cuando mis hermanos y hermanas querían jugar de vaqueros e indios, yo siempre escogía ser el doctor del juego. La imagen que yo veía en mi cerebro era la del Dr. Welby haciendo su trabajo de héroe. En resumen yo puedo concluir que el hecho de que yo soy médico empezó con un pensamiento.

Si analizamos el tiempo transcurrido desde que empecé a repetir el pensamiento "Voy a ser un médico" cuando yo tenía 5 o 6 años. 25 años más tarde yo empecé a funcionar y trabajar como médico.

Como observación extra, quiero que intente decir algo, alguna palabra, jugando con su cerebro. Mi sospecha es que siempre se forma una imagen en el cerebro antes de que usted pueda pronunciar la cualquier palabra. La observación seria que el cerebro no ve letras o palabras, el cerebro únicamente funciona con imágenes.

Como tercer y último ejemplo de este capítulo quiero que se imagine tomando posesión de su nueva casa que usted ordeno ser construida. Nuevamente si usted quiere saber el origen de esta casa, todo lo que tenemos que hacer es mover la casa en reverso del tiempo, paso a paso, hasta que lleguemos al punto de origen. Antes de tomar posesión de la casa, el constructor tenía que haberla construido. Antes de que el constructor pudiese construirla, el maestro tuvo que comprar los materiales. Antes de comprar los materiales él recibió un plano. Los planos fueron creados con el arquitecto de sus ideas y deseos. Antes de los planos me imagino que compro el lote y antes de comprar el lote, usted tomo la decisión "voy a construir mi casa". Una imagen apareció en su cerebro y entre mas repetía esta idea, mas detalles le aparecían a su foto en su mente. La conclusión es que la casa a la cual usted acaba de entrar empezó con un pensamiento. De nuevo este pensamiento no tiene nada en especial y la única diferencia es que usted no se cambio de idea y persistió en repetir el pensamiento hasta que este pensamiento se convirtió en su realidad física.

En este y como en los otros ejemplos , quiero que se dé cuenta que tiempo ha pasado entre la primera vez que pensó "voy a construir mi casa" y el momento cuando entro a su casa ya construida. Por lo tanto, el tiempo va a ser una variable que vamos a tener que aprender a controlar.

En conclusión, espero que yo les haya convencido que si estuviera hablando de una mesa, mi profesión o una casa, o por cualquier cosa que usted puede sentir o tocar, todo, absolutamente todo empieza con un pensamiento. Cuando ya se posee este conocimiento, esto le ofrece el poder de explicar el pasado. Por ejemplo si está viendo un par de zapatos, usted puede decir sin miedo de errar que los zapatos empezaron con un pensamiento. Si usted se refiere a una camisa, la camisa también empezó como un pensamiento. Si usted ve a un policía, usted puede confirmar que la profesión de policía empezó con un pensamiento. Ya hoy y por siempre usted sabe que el pensamiento es la unidad de la creación; absolutamente toda la creación.

CAPITULO TRES

LOS PATRONES QUE YO VEO

Quiere que regrese conmigo a la introducción de este libro. En esa sección, Yo mencione los resultados de mis experimentos con los pensamientos. Para recordarles, yo empecé con una idea o pensamiento "Me veo muy bien". Después de repetirlo varias veces, note la formación de una imagen que correspondía con la idea que yo consideraba atractiva. El experimento era simple porque lo único que requería era la repetición del pensamiento utilizando mi voz. Como resultado de la repetición, Yo sentí el deseo, la necesidad de parar de comer harinas y azúcar. Quiero que entienda que yo he tenido vasto conocimiento de las dietas de Adkins, la dieta de South Beach, pero hasta este momento no había sentido el deseo de empezar a tomar acciones en esa dirección. Yo recuerdo claramente haciendo la lista de comidas que yo sentí la necesidad de eliminar. También sentí la motivación de parar de comer las dichas comidas. Hasta este momento, yo no había cambiado la cantidad de comida consumida. Pasando cuatro semanas yo había perdido 30 libras. El resultado o la consecuencia de mis acciones fue la pérdida de peso. El resultado de la repetición del pensamiento "Me veo muy bien" fue que yo estaba mejorando mi apariencia o mejor dicho: el pensamiento se estaba convirtiendo en mi realidad.

El patrón que yo observe fue que el pensamiento, seguido de repetición del pensamiento, causa ciertas acciones ordenadas por el pensamiento y finalmente estas acciones tienen consecuencias o resultados.

Podríamos utilizar el mismo análisis para los otros ejemplos utilizados en el capitulo dos. Por ejemplo para el ejemplo de la mesa, el carpintero primero tuvo que hacer la decisión de qué clase de mesa iba a hacer. Esta decisión genero una imagen en la mente del carpintero. El siguiente paso, fue que el carpintero repitió esta idea, o no se cambio de idea. El siguiente paso fue la toma de pasos específicos para construir la mesa y la consecuencia final es la mesa. Quiero que entienda que la mesa producida por todas las acciones tomados por el carpintero es muy similar a la imagen de la mesa que apareció en el cerebro del carpintero cuando él decidió hacer la mesa.

Para el ejemplo de mi juventud, mi pensamiento "voy a ser un médico", la imagen en mi mente era la del Dr. Welby MD. Este paso fue muy simple porque lo único que tuve que hacer fue prestar la imagen del programa de televisión. Porque veía este programa todas las semanas, la repetición era casi automática. Yo me imagino que yo lo mencionaba con mucha frecuencia a todo el mundo, por un regalo muy especial que recibí cuando era muy joven. Había una enfermera que hacia visitas de casa que era amiga de mi mama. Ella me dio la bolsa de doctor usada que ella utilizaba, cuando ella compro una nueva. Este regalo ayudo a mi cerebro continuar la repetición "voy a ser un médico". Los próximos pasos en el proceso de creación fueron muy específicos. Yo supe que hacer, porque estos pasos aparecieron en mi cabeza, casi como por magia. Lo otra manera de decir que los pasos aparecieron en mi mente, sería decirlo de una manera más mística, que el pensamiento revelo los pasos a tomar en el orden especifico. Este punto es muy importante y quiero hacerle énfasis porque yo nunca había estado rodeado de médicos en mi familia. Aun mas, puedo afirmar , que nunca tuve alguna conversación con mis padres donde yo hubiese hecho referencia a que profesión debía seguir.

La repetición del pensamiento "Voy a ser un médico" me mostro los pasos a seguir, pero agrandando la realidad percibida, también me dio la plata, las situaciones y la gente que hicieron esos pasos posibles. Por ahora quiero decir que ocurrió casi como por magia. Por supuesto que no es magia , pero todo lo requerido para hacer que el pensamiento fuese mi realidad, apareció en el momento perfecto, en la secuencia perfecta, en el lugar perfecto.

El patrón que yo veo de creación es el mismo: Pensamiento, repetición del pensamiento, acciones requeridas por el pensamiento y finalmente las consecuencias de esas acciones o resultado, el cual crea una realidad muy similar o igual a la descripción del pensamiento. Yo puedo concluir que el pensamiento y los resultados creados son idénticos con diferencias mínimas que serán estudias con una variable llamada tiempo.

Yo escogí llamar a esto proceso como "el proceso de creación", pero como estamos hablando de la energía contenida en cada pensamiento, debería referirse como "el poder creador". La energía creada con la repetición de un pensamiento es un poder, una fuerza creadora, la cual nos lleva a mostrar los pasos que se deben tomar y también nos obligan a tomar esos pasos. En el capitulo anterior cuando usted aprendió que todo empieza con un pensamiento, usted recibió la habilidad de poder explicar el pasado. Aprendiendo que con el poder creador, el pensamiento y el resultado son iguales, el individuo recibe el poder de predecir el futuro si uno tiene conocimiento del pensamiento a repetirse.

Como ejemplo, si yo empiezo a repetir "Voy hacer hamburguesas esta noche" y yo no cambio de idea. Mi cerebro vera la imagen de las hamburguesas y la repetición va a mostrar en mi cerebro los pasos a tomar para completar el pensamiento. Además de las instrucciones yo recibo la motivación, el deseo, el hambre por hamburguesas. La consecuencia de esta repetición será que yo voy a hacer hamburguesas esta noche. Esto es predecible porque el pensamiento y el resultado son iguales para los pensamientos repetidos. Así que de ahora en adelante yo puedo predecir el futuro cada vez que yo reconozco los pensamientos que estoy repitiendo en mi mente.

Tengo que reducir el alcance del poder creador de que todos los pensamientos se convierten realidad; a que únicamente los pensamientos repetidos se vuelven realidad. No todo pensamiento que uno repite pocas veces, va a convertirse en realidad, especialmente si se cambia de pensamiento lo cual es permitido en este proceso. Si yo empiezo con el pensamiento "quiero hacer hamburguesas esta noche" y por alguna razón cambio de idea y empiezo a repetir: "quiero pizza esta noche" , un proceso nuevo empieza.

La energía acumulada por la repetición de pensamientos viene con muchos nombres. Por ejemplo, si yo repito el pensamiento "voy a ser un médico" la fuerza o poder creado se llamaría motivación. Si yo repitiera un pensamiento como "voy a ser muy rico" la fuerza generada se llamaría ambición. Si yo repitiera un pensamiento sexual, la fuerza creada se llamaría lujuria. Si yo repito un pensamiento acerca de alguien que no me cae bien, la fuerza creada se llamaría odio. Si yo repito un pensamiento que cause duda, la fuerza o poder de crear se llamaría miedo. Por lo tanto el nombre de la fuerza creadora puede que sea diferente pero el proceso de creación es el mismo: la repetición de un pensamiento o imagen.

En este momento yo recomiendo que deje de leer el libro por un tiempo y comience a mirar a su alrededor y empiece a practicar lo que el poder creador le permite. Simplemente, mire a un objeto e imagine el origen y todos los pasos necesarios para crear el objeto. También, empiece con cualquier pensamiento y repítalo muchas veces. Empiece a describir lo que ve en su mente. Aunque arriesgo que esto suene como religión oriental, quiero que practique viendo con su tercer ojo, su cerebro.

Por ejemplo, como practica empiece a repetir "estoy limpiando mi casa". Repítalo hasta que empiece a ver imágenes en su cerebro. Practíquelo con sus amigos para que se dé cuenta que todos creamos imágenes diferentes porque todos nosotros tenemos ideas diferentes.

También, no se le olvide poner los avisos y debe continuar el ejercicio de escribir que le explique y recomendé en el capitulo uno: trabajo que se debe hacer.

CAPITULO CUATRO

LA ENERGIA DE UN PENSAMIENTO

Hasta este momento hemos aprendido que existe un proceso de creación que empieza con una imagen en nuestra cabeza que llamamos pensamiento. El proceso creativo realmente no empieza solo por tener un pensamiento, pero más exactamente cuándo repetimos el pensamiento. La consecuencia de repetir un pensamiento es la acumulación de una energía que llamamos por muchos nombres, pero el más frecuentemente usado es motivación. Esta motivación no es difusa o genérica, es muy específica. De la misma manera con la motivación de hacer unas acciones, estas acciones también son muy específicas.

La consecuencia de la repetición de un pensamiento es que el cerebro va a ver los pasos requeridos que la persona debe tomar. Nuevamente estos pasos son muy precisos y específicos. El último paso de este proceso es el resultado o consecuencia de las acciones tomadas. Lo lindo y hermoso de este proceso creativo es que el resultado es idéntico a la imagen o pensamiento con el cual el proceso creativo empezó. Parece que fuese como si la imagen o pensamiento saltara a través de dimensiones y se convierte en una realidad física, que todos podemos ver, tocar y a veces sentir.

La primera pregunta que me hice fue, por que no todos los pensamientos se convierten en una realidad física? La respuesta es muy fácil de entender para aquellos que entienden ciencias físicas. Todos tenemos diferentes niveles de energía. Energía es realmente el punto central de la creación y es la misma energía si estamos hablando de la energía del sol y la energía contenida en un galón de gasolina. En este ejemplo, la energía simplemente esta en 2 formas diferentes. Por lo tanto si analizamos el pensamiento "voy a hacer hamburguesas esta noche" ; este pensamiento va a requerir menos tiempo y menos energía que el pensamiento "Voy a ser un médico". Yo empecé a repetir este pensamiento cuando tenía 5 años y yo tenía 31 años cuando yo pude trabajar de médico oficialmente.

Yo puedo experimentar con pensamientos y rápidamente darme cuenta que la energía de un pensamiento no debe ser mucha, u otra manera de decirlo sería que la energía requerida para crear algo es bastante, en el orden de miles de repeticiones requeridas. Para explicar este punto voy a utilizar el ejemplo de una persona que fuma cigarrillos. Cuando un fumador decide prender un cigarrillo, en un día promedio , el fumador repite el pensamiento "quiero un cigarrillo" por menos 100 veces desde el primer momento que la idea apareció en el cerebro hasta el momento que el prende el cigarrillo. Es el mismo tipo de conversación que todos tenemos acerca de cualquier decisión que tomamos diariamente. Para continuar este ejemplo vamos a asumir que este fumador tiene una edad de 56 años, y este fumador empezó a fumar cuando tenía 16 años. 40 años han pasado desde el comienzo de este vicio hasta hoy día. Vamos a asumir que este señor fuma 20 cigarrillos diariamente, un paquete. También asumimos que este señor fumaria 350 días al año , en vez de 365 días, simplemente para hacer mi multiplicación más fácil.

Número de repeticiones desde la idea inicial a la acción	100 veces
Número de años fumando	40 años
20 cigarrillos al día multiplicado por 350 días cada año	7000 cig/año.

Este fumador , ha repetido este pensamiento "Necesito un cigarrillo" desde que empezó a fumar al tiempo presente un total de 28 millones de veces. Por lo tanto el deseo de fumar va a ser muy fuerte.

La cantidad de energía contenida en un pensamiento debe ser muy poca demandando la repetición del pensamiento intensivamente. Por ejemplo si un una persona que no fuma repite :" necesito un cigarrillo" 100 veces, la energía creada va a ser mínima, insuficiente para causar cambios en el comportamiento o costumbres de esta persona. Yo asumo temporalmente que esta energía simplemente se disipa como una chispa que salta de una fogata. Con mis estudios de ciencia, sin embargo, yo no puedo aceptar esta observación porque yo he aprendido en mis estudios de ciencia físicas, que la energía no desaparece, sino que simplemente cambia de forma.

Aunque este libro es acerca del poder creativo que existe en los pensamientos, es importante mencionar la existencia de otros poderes y formas de energía como el conocimiento. El conocimiento es simplemente la acumulación de detalles pero es una fuerza muy débil para cambiar su comportamiento. La fuerza creada con la repetición de un pensamiento, EL PODER CREATI-VO, es excesivamente potente y les va a obligar a comportarse de una manera específica. Este poder creativo los va a forzar a realizar acciones que a usted no le gustan o cosas que usted no quiere hacer como fumar cigarrillos. Yo quiero aclarar, y quiero que usted entienda que todos los fumadores del mundo saben que fumar es dañino para la salud y que causa cáncer. Adicionalmente la cantidad de dinero malgastado es casi imposible de imaginar. El fumador posee el conocimiento de que este vicio no es bueno para la salud o para el bolsillo pero el fumador adicto es incapaz de dejar de fumar. Si el fumador está utilizando el poder del conocimiento para dejar de fumar, el va a ver que todo el conocimiento del mundo es insuficiente y muy débil para cambiar su comportamiento.

El poder creado por la repetición de pensamientos, EL PODER CREATIVO, es por lo tanto proporcional al número de repeticiones hechas y cada consecuencia creada requiere un numero especifico de repeticiones. Quiero que me permita utilizar un ejemplo para ilustrar este punto importante. Quiero que piense de cada pensamiento como un centavo y por la repetición del pensamiento uno acumula centavos. El efecto o consecuencia dependería del precio de venta que me requieren pagar por el resultado que yo quiero obtener.

Yo puedo utilizar muchas metáforas para explicar la energía de un pensamiento. La metáfora que más me gusta es pensar que un pensamiento es como la chispa que se escapa de una fogata. Muy común si tiene experiencia quemando madera. Esta chispa es un paquete de energía que se escapa de la fogata, viaja una distancia y pronto pierde su energía completamente. La energía no es en realidad perdida, sino que la energía en forma de luz y calor es absorbida por el medio ambiente. Un efecto similar ocurre con nuestros pensamientos y por lo tanto cada pensamiento cuenta. Pero son los pensamientos que repetimos más frecuentemente, los que afectan nuestra realidad.

La unidad de esta energía es el pensamiento o la imagen que aparece en nuestra cabeza. Yo puedo repetir un pensamiento viendo a una imagen bastante y sobre un tiempo largo. Este proceso de creación no tiene que salir del cerebro para tener efecto. Pero yo observo que yo puede aumentar esta energía usando mi voz para repetir el pensamiento o yo puedo escribir el pensamiento. Considerando que toma más energía hablando el pensamiento, las palabras tendrían más energía que la imagen que aparece en el cerebro. Yo he experimentado escribiendo estos pensamientos y descubrí que me toma más energía, mas esfuerzo escribir mis pensamientos que hablarlos o pensarlos. Alguien dijo "hay mucho poder cuando uno está viendo sus metas escritas con su propia mano". Por supuesto yo voy a ser el primer individuo en admitir que no he intentado en medir el poder creativo; pero como estamos hablando de una energía, un poder y este poder se puede sentir fácilmente únicamente por la repetición de un pensamiento. Por ejemplo cuando yo tengo el pensamiento "Voy a ser un médico" yo podría asignar el valor de uno o la unidad de esta energía. Cuando yo lo hablo "voy a ser un médico" el nivel de energía seria como un 10. Si asumimos que decidí escribir este pensamiento, yo asumo que esta actividad tendría un valor de 100. Quiero aclarar que estas son impresiones creadas en mi cerebro y no aparato de medir energía ha sido usado. Este es un ejemplo para explicar como la energía de un pensamiento se puede manipular o aumentar simplemente repitiendo el pensamiento.

Este punto de la energía contenida dentro de los pensamientos es más fácil ver cuando usted observa el proceso de creación en reverso. Vamos a asumir que me gusta el chocolate de cualquier forma; si uno pusiese el deseo de comer chocolate como el resultado. Este resultado como todos los resultados son consecuencias de ciertas acciones. Estas acciones serian el resultado de la repetición de pensamientos como "me gusta el chocolate mucho". La repetición de este pensamiento hubiese podido hacerse en mi cabeza, hablado o escrita. Si usted ha repetido este pensamiento por mucho tiempo y millones de veces, podemos concluir que la repetición ha causado un apetito muy alto por el chocolate.

Para continuar nuestra discusión, vamos a asumir que usted cambio de idea y decidió que de hoy en adelante empezaría a repetir "Odio el chocolate". La repetición intencional de este pensamiento 100 veces versus los millones de veces que ha repetido "me gusta el chocolate mucho", va a tener un efecto mínimo en cambiar su apetito por el chocolate. Si usted viese un pedazo de dulce de chocolate, usted sentiría el deseo y apetito, simplemente porque ha repetido "Me guste el chocolate mucho" por mucho más tiempo y en un número de repeticiones más alto.

Utilizando el ejemplo previo, no sería sorpresa que cuando uno repite el pensamiento "Odio el chocolate" frecuentemente, intencionalmente y por mucho tiempo, aun si usted no cree lo que repite, si viese chocolate, pensarías más tiempo que hacer antes de comérselo. Aun mas , si continua repitiendo este pensamiento, el día llegara que el pensamiento se convierte un su realidad y usted odiaría el chocolate. Lo que nosotros veríamos es que usted adquiriría la habilidad de tolerar la presencia de chocolate sin sentir la atracción o deseo de comer chocolate. La energía del pensamiento, EL PODER CREATIVO, se convierte en su realidad o la forma física del pensamiento. En conclusión, el pensamiento se convierte en nuestra realidad o escrito de una manera diferente, el pensamiento y el resultado son iguales para los pensamientos que usted escoge para repetir.

CAPITULO CINCO

MAS DETALLES DE EL PODER CREADOR

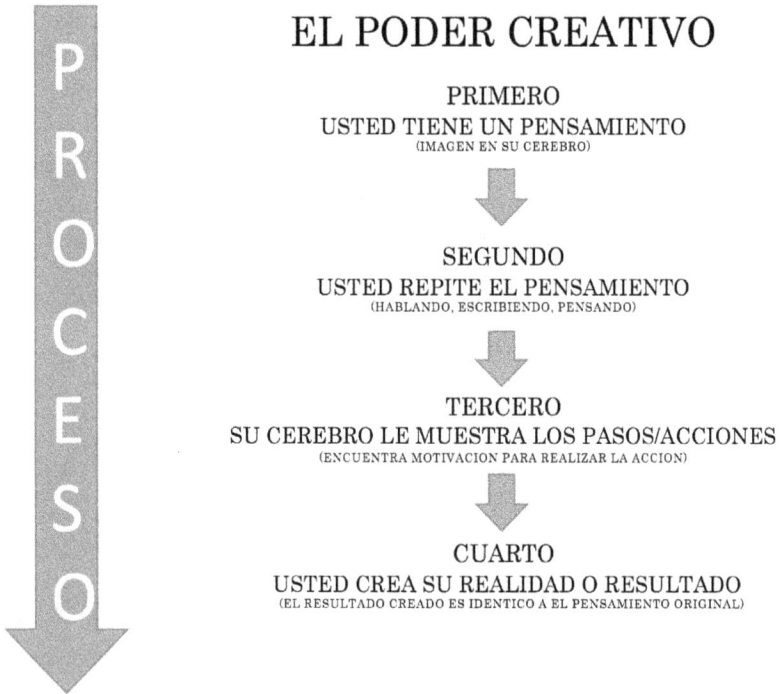

EL PODER CREATIVO

PROCESO

PRIMERO
USTED TIENE UN PENSAMIENTO
(IMAGEN EN SU CEREBRO)

SEGUNDO
USTED REPITE EL PENSAMIENTO
(HABLANDO, ESCRIBIENDO, PENSANDO)

TERCERO
SU CEREBRO LE MUESTRA LOS PASOS/ACCIONES
(ENCUENTRA MOTIVACION PARA REALIZAR LA ACCION)

CUARTO
USTED CREA SU REALIDAD O RESULTADO
(EL RESULTADO CREADO ES IDENTICO A EL PENSAMIENTO ORIGINAL)

Debe ser claro para usted que hay una energía en los pensamientos. Cuando un pensamiento es repetido nos obliga a tomar decisiones y acciones que tienen una consecuencia única: la habilidad de crear la forma física del pensamiento. Por ejemplo si yo empiezo a repetir "voy a hacer hamburguesas esta noche", y yo escojo repetir este pensamiento, yo puedo usar el proceso creativo y predecir con certeza que voy a hacer hamburguesas esta noche. Esto es posible porque de acuerdo con el poder creativo, el pensamiento y el resultado son iguales.

Un detalle muy importante que quiero mencionar en este momento y esta teoría aplica a todas los fuerzas y poderes en la naturaleza, y por su puesto aplicaría al poder creativo. Todas las fuerzas naturales y poderes naturales son neutros. Creo que una corta explicación va a ser suficiente para que usted vea este punto básico que es muy importante. Vamos a utilizar una fuerza como el fuego. Cuando yo controlo el fuego, y lo pongo bajo una olla, este poder, esta fuerza me va a dar un resultado positivo: Mi comida. Ahora, si imaginamos un incendio forestal, la misma fuerza pero sin control crearía un resultado negativo. Una analogía similar se puede hacer utilizando la electricidad como ejemplo. Si yo uso la electricidad para cargar mi teléfono, vamos a asumir un resultado positivo del uso de esta forma de energía que me permite estar en contacto con mi familia y poder ayudarlos. Ahora vamos a asumir el uso de la silla eléctrica. En el segundo caso, la misma electricidad me ha ofrecido el poder de matar a otro humano, causando un resultado negativo.

No hace mucha diferencia si uno estuviese hablando del fuego, electricidad o el poder creativo, Yo, la persona utilizando el poder determina el resultado. Con el poder creativo, si yo empiezo con un pensamiento positivo como "yo quiero mucho a mis hijos", el resultado va a ser positivo. Quiero que imagine que yo escojo a repetir un pensamiento negativo como "Yo odio a mis hijos" , (no es recomendado), el resultado esperado sería negativo. En conclusión, Quien es responsable por crear, un resultado positivo o negativo usando el poder creativo? Fácil, el pensador, aquel que repite dicho pensamiento.

Este detalle tan simple es muy profundo y me libera porque cuando yo me encuentro en medio de la situación negativa, yo no tengo que buscar más lejos que en mi cerebro para encontrar la solución. La solución ya está presente dentro de mi cabeza porque yo soy el que controla los pensamientos que yo escojo para repetir.

Cambiando a otro detalle, en el capitulo anterior sugerí que pensara de un pensamiento como un centavo; es muy fácil porque que ya tenemos el concepto de la plata en nuestra mente. Un pensamiento positive seria como un centavo que se ha deposito en la cuenta de ahorros y un pensamiento negativo seria como un centavo que usted pidió prestado y lo gasto; ahora tiene deuda. Por lo tanto, persiste la observación de que entre más se repita un pensamiento , el poder creativo aumenta, ya sea positivo o negativo. Esta característica del poder creativo no es la única característica que se debe entender.

Durante mis clases, usualmente pido que el publico repita un pensamiento como: "voy a limpiar mi casa". Ahora le pido a usted, la persona que está leyendo este libro que haga lo mismo. Simplemente repita este pensamiento dentro de su cabeza o hablándolo por unas 20 veces.

Lo que sorprende al público y yo asumo a usted también, es la pregunta que sigue: Que imagen apareció en su cabeza? Algunos van a contestar la alcoba, otros la cocina, otros el garaje y otros el jardín. Todos creamos imagines cuando repetimos un pensamiento y esta imagen no tiene que ser idéntica para todo el mundo. Lo que yo quiero que usted concluya es que su cerebro le transporte al lugar donde el pensamiento se convertiría en realidad pero su cuerpo permaneció en el mismo lugar. Esto no debe ser sorprendente porque usted ya sabía que nuestra imaginación nos hace ir a lugares donde nunca hemos estado físicamente. Esta observación es simple pero muy profunda porque nos da a entender que pensamientos tienen dirección.

En la introducción , yo mencione cuando yo describí que el poder en los pensamientos puede ser manipulado, pude ver como ciertos pensamientos me estaban haciendo mover en cierta dirección. Quiero que se imagine un camino entre 2 puntos. El punto A es delgadez y el punto B es gordura. Me siento seguro que todos empezamos en el punto medio porque al principio de este proceso creativo, nosotros no nos damos cuenta de nuestra apariencia. Cuando yo era un adolescente yo empecé a criticar mi apariencia y cada vez que me critique o pensé algo negativo , mi cerebro me movía en la dirección de gordura. Con el pasar del tiempo, el número de repeticiones empezó a acumularse y aunque no me gustaba lo que yo veía, continúe moviéndome hacia la gordura. Era como si algo me estuviera empujando en esa dirección pero yo no podía ver qué era lo que me estaba empujando. Obviamente yo no quería continuar ganando peso pero yo no tenía control sobre este problema. No era la ausencia de conocimiento. Mi pérdida de control era humillante porque estaba en contraste con todo el conocimiento adquirido durante mis estudios de medicina. Yo era el doctor súper gordo teniendo que decirles a mis pacientes que tenían que perder peso.

Cuando yo decide experimentar con mis pensamientos, yo escogí el pensamiento "me veo muy bien". Como consecuencia, este pensamiento definitivamente me movió en la dirección de delgadez. Pero quiero que se tome unos segundos para imaginar el primer momento que yo exprese este pensamiento. Mi cuerpo físico todavía era gordo, nada de mi apariencia había cambiado. El único cambio había ocurrido en mi mente con la decisión de que yo iba a repetir este pensamiento y Nadie podía ver mis pensamientos. El experimento que yo prepare era muy simple: Que va a suceder cuando repito este pensamiento? El resultado para mi sorpresa y beneficio fue que entre más repetía este pensamiento, mas rápido me movía en la dirección de delgadez. El mismo proceso va a ocurrir a usted el lector cuando usted cambie un pensamiento. Por ejemple si usted ha estado repitiendo "yo soy muy pobre" y usted empieza a repetir "yo soy muy rico". Otro ejemplo, si usted está enfermo y empieza a repetir "me siento mucho mejor cada día" cambios van a ocurrir. Por favor recuerde que al principio el único cambio que ha ocurrido es en su mente y es invisible al resto del mundo. Sin embargo este seguro de que si usted persiste en la repetición, cambios van a ser más fácil de ver para usted y para todos los que le rodean. Esto aplica para cualquier pensamiento que prefiera cambiar.

En resumen hemos aprendido hasta ahora que estas imágenes que llamamos pensamientos, que hemos ignorado hasta el presente tienen una energía apreciable que se acumula con la repetición y nos mueve en la dirección que el pensamiento esta describiendo o pidiendo. Desafortunadamente este no es todo lo que debemos aprender acerca de este poder creativo.

Pensamientos o ideas son muy particulares cuando hablamos del efecto que tienen. Debido a este hecho que el efecto de los pensamientos son muy específicos se puede decir que pensamientos tienen áreas o campos de efecto. Como ejemplo si yo repito "Mi pelo es perfecto" y yo escojo repetir este pensamiento bastantes veces y sobre largo tiempo 2 cosas van a suceder.

Primero mi cerebro va a ver los pasos que debo tomar para que mi pelo se vea perfecto y segundo yo sentir la motivación para llevar a cabo estos pasos que yo he visto en mi mente. El resultado de mis acciones es garantizado. Mi pelo se va a ver perfecto porque el pensamiento y el resultado son idénticos para los pensamientos que yo escojo para repetir. Un punto que yo quiero aclarar es que el pensamiento "mi pelo es perfecto" no va a tener efecto en mi situación financiera. La razón por el cual este pensamiento no va a tener ningún efecto en mi situación financiera es que el pensamiento "mi pelo es perfecto" tiene un efecto limitado a mi pelo exclusivamente. Mi situación financiera seria creada por otro grupo de pensamientos que tendrían que ver con la producción de plata y los ahorros. Si yo escogiese repetir en adición al pensamiento de mi pelo otro pensamiento como "yo soy un millonario", el resultado final después de repetir estos pensamientos mucho y por largo tiempo seria un millonario que tiene pelo perfecto. Vamos a asumir que en adición he repetido por mucho tiempo el pensamiento "No tengo suerte con las mujeres". Lo que la gente va a ver es un millonario con pelo perfecto que tiene una serie de desastres amorosos. Así que debe recordar que EL PENSAMIENTO QUE USTED REPITA SERA SU FUTURO.

El área o campo de los pensamientos puede ser aumentada o disminuida dependiendo en el efecto deseado o a cambiar. Por ejemplo usted ya conoce el pensamiento "Mi pelo es perfecto". El área que va a ser afectada va a ser únicamente mi pelo. Yo puedo aumentar el tamaño del campo cambiando este pensamiento a otro que describa un área más grande. Si yo repitiera "Mi cabeza siempre es perfecta". Este pensamiento incluiría mi pelo, mis ojos, mis dientes, mi sonrisa y mi cuello. Si yo aumentara el tamaño de mi pensamiento repitiendo "me veo perfecto hoy", este pensamiento me cubriría de cabeza hasta los pies. Espero que estos ejemplos hayan mostrado que tan fácil es manipular el tamaño o área de efecto de los pensamientos.

Para añadirle un poco mas de trabajo a su cerebro, vamos a tomar el pensamiento "yo veo muy bien hoy" y lo vamos a expandir por la variable llamado tiempo. Por lo tanto si yo cambio la palabra hoy por otra palabra como "Todo el tiempo", este pensamiento resultaría, "Me veo bien todo el tiempo". Este pensamiento específico se ha convertido en un pensamiento eterno con solo la adición de "Todo el tiempo". Este y otros pensamientos eternos van a ser muy importantes en el futuro cuando entendamos que pensamientos debemos escoger para repetir.

Es muy importante entender que el tamaño del pensamiento no necesariamente garantiza un buen resultado. El tamaño del pensamiento no es necesariamente mejor. Escoger o reducir el tamaño de un pensamiento en ciertas situaciones le brinda más éxito en su vida.

Vamos a empezar con la siguiente situación: Yo soy un hombre casado pero no estoy consciente de las consecuencias de mis pensamientos. Si yo escojo a repetir "Me gustan todas las mujeres" y continuamente repito este pensamiento, mi realidad va a ser que voy a ser atraído básicamente por cualquier mujer que yo vea. Este pensamiento, por supuesto, me haría muy vulnerable a comenzar relaciones extramaritales. Porque yo se que pensamientos tienen consecuencias, en esta situación yo he reducido el tamaño de este pensamiento que incluye únicamente mi esposa. Mi nuevo pensamiento "Me gusta ÚNICAMENTE mi esposa". Con la adición del únicamente yo he reducido el tamaño de este pensamiento para ser cumplido únicamente por mi esposa y nadie más.

Para resumir lo que hemos aprendido de nuestros pensamientos estas imágenes que aparecen en nuestro cerebro, debemos recordar que contienen una energía que puede ser manipulada simplemente por repetición. Debemos tener en cuenta que la consecuencia de esta energía nos hace mover en la dirección del destino que el pensamiento describe. Estas fuerzas nos obligan a convertirnos a la descripción dada en el pensamiento desde el primer momento en que el pensamiento fue hablado.

CAPITULO SEIS

LAS OBSERVACIONES MAS PROFUNDAS

Tan pronto cuando me di cuenta del poder de la energía en nuestros pensamientos yo comencé a experimentar con esta energía. Empecé a ver todo de una manera diferente a la que yo estaba acostumbrado a ver. Recuerde que yo empecé a repetir el pensamiento "Me veo muy bien" Y esto me hizo notar que yo me había estado llamando "gordo" y lo único que yo hice fue utilizar el pensamiento opuesto. Hasta este momento yo creía, como la mayoría de ustedes creen ahora, y lo que el resto del mundo enseña, que la gordura es creada por mucha comida y muy poco ejercicio, yo no puedo culpar a nadie porque este tipo de pensamiento es posible debido a la existencia de un poder llamado conocimiento. El conocimiento enseña que si usted es gordo se debe a que come mucho y no hace suficiente ejercicio. El problema con el poder llamado conocimiento es que es una fuerza muy débil, insuficiente para cambiar nuestro comportamiento; nosotros debemos aceptar que nuestro comportamiento esta bajo el control de la energía llamada "el poder creativo" que es el sujeto de este libro.

Cuando yo empecé a repetir el pensamiento" Me veo muy bien", mi cerebro empezó a trabajar de una manera diferente. Yo sentí un deseo muy fuerte de parar de comer harinas. Por consiguiente yo hice una lista y empecé a eliminar las harinas más obvias. El resultado inmediato fue que perdí 30 libras en un mes. Yo entendí que el pensamiento "Me veo muy Bien" se estaba convirtiendo en mi realidad. Mas tarde y con la repetición de este pensamiento mi cerebro cambio a desear caminar distancias largas; después vino levantar pesas y recientemente empecé a hacer batidos de frutas y proteína. Ahora, simplemente continuo repitiendo el pensamiento "Me veo bien" y yo lo repito con la certeza de que mi cerebro me va a mostrar los siguientes pasos a tomar.

Desde el pensamiento original yo expandí mi investigación con otros pensamientos. La primera observación que yo hice es que el pensamiento por si mismo revela al cerebro que pasos hay que tomar para hacer del pensamiento nuestra realidad; el cerebro no le mostrara ningún otro paso. En adición a los pasos que tomar el cerebro va a proveer el deseo o motivación para completar el pensamiento. Es casi como si el pensamiento se creara por si mismo utilizándonos como la máquina de producción. Yo empecé a enseñar por este método a mis pacientes, cuando intentaban perder peso. Yo les enseñaba que se llamaran lindas y perfectas. Un patrón se empezó a formar; aquellos pacientes que tuvieron éxito en perder el peso permanentemente fueron aquellos pacientes que repetían el nuevo pensamiento con más frecuencia. Después de entrevistar a aquellos pacientes que estaban fallando en la pérdida de peso, se hizo claro que ellas estaban teniendo problemas con la repetición de pensamientos positivos en referencia a su figura más que al número de libras. Otra luz se prendió en mi cerebro.

Cuando una persona gana mucho peso la persona no se queja de su peso, pero se queja de su figura, el patrón que yo observe es que la mujer de mucho peso, no le gusta lo que ve en el espejo. Cuando ella se proponen a perder 10 libras una vez que han logrado su meta y se miran en el espejo estas personas no han cambiado su manera de pensar aunque han perdido las diez libras; consecuentemente la pérdida de peso es temporal porque le numero de libras no es la causa de su problema.

Una vez que yo entendí que los gordos se quejan de sus figuras, decidí investigar lo opuesto. Yo decidí entrevistar a muchos de mis pacientes de peso normal, simplemente para confirmar los pensamientos que ellas expresaban acerca de sus figuras en frente del espejo, la respuesta fue casi universal; ellas expresaban únicamente pensamientos positivos. Esto confirmo mi sospecha que si el pensamiento es positivo el resultado el positivo, y si el pensamiento es negativo el resultado es negativo.

Aun con este descubrimiento mi cerebro no pudo descansar y decidí entrevistar a esos pacientes que fallaron en perder peso e investigar el medio ambiente donde vivían, para entender si sus esposos les ofrecían apoyo o critica. Para mi sorpresa, encontré que la mayoría de las pacientes que no perdieron peso, consistentemente disfrutaban de comentarios positivos de sus esposos, pero en su mente ellas eran muy negativas. La verdad más profunda acerca de los pensamientos se me hizo clara como si una explosión hubiese ocurrido en mi cerebro. El cerebro es únicamente afectado por la repetición de pensamientos del individuo que los esté pensando. Otra manera de expresar esta observación: su cerebro únicamente escucha o es afectado por su propia voz.

Yo tengo un cerebro científico y yo no acepto cosas que aparecen ser lógicas, cuando ocurren una sola vez, mi cerebro científico requiere la repetición y requiere más pruebas para poder ver si la observación es universal. Después de muchos meses de observación puedo testificar que la energía contenida en nuestros pensamientos está limitada afectando únicamente la persona que tiene y repite el pensamiento.

Otras preguntas aparecieron en mi cerebro cuando yo empecé a aplicar mis observaciones en mi vida diaria, una de estas preguntas era "Puede una persona controlar todos los pensamientos que él o ella repiten"? El instante en que la pregunta apareció en mi cabeza, mi cerebro grito: "Únicamente si usted lo piensa y lo repite". En la conversación que siguió en mi cerebro, un lado de mi cerebro preguntaba, "que es lo que quiere decir"? El otro lado de mi cerebro estaba contestando "Esta pregunta como todas las preguntas tienen muchas respuestas, pero la respuesta que usted escoge determina la realidad que usted va a crear".

Para la pregunta "Puede una persona controlar todos los pensamientos que él o ella repiten"? Las respuestas estarían entre por supuesto que sí y no nunca, con muchas posibilidades entre los dos extremos. Porque yo soy consciente de que aquel pensamiento que yo repita se convierte en mi realidad, yo he escogido y yo recomiendo que usted escoja la respuesta: Si, todas las personas pueden controlar sus pensamientos y pueden repetir el pensamiento continuamente. Considerando el tamaño de este pensamiento, la respuesta seria un pensamiento eterno con la adición al final "Todo el tiempo".

Quiero que recuerde que con la repetición el pensamiento va a revelar a el cerebro los pasos necesarios para hacer que el pensamiento se convierta en una realidad. Consecuentemente yo empecé a repetir, Si yo controlo mis pensamientos todo el tiempo, mi cerebro me mostro que yo necesitaba crear un medio ambiente donde la repetición del pensamiento pudiese ocurrir automáticamente. Esto ya lo he explicado en el primer capítulo: El trabajo que se debe hacer.

Hasta ahora hemos discutido que la energía de nuestros pensamientos se acumula; que esta energía revela los pasos a tomar; que esta energía motiva a la persona repitiendo los pensamientos y que la persona puede controlar todos sus pensamientos si así la persona lo escoge. Por supuesto este no fue el fin de preguntas que mi cerebro continuaba haciendo. Hay mucho más por aprender. Cómo funcionan las oraciones a Dios? Que sucede si yo empiezo a repetir yo puedo cambiar a la gente? Que pasaría?. Para contestar estas preguntas quiero decirle que tan pronto como yo me di cuenta del poder creativo, yo quería enseñárselo a todo el mundo. Este libro es uno de los pasos que fue revelado y que yo he tomado para completar mi meta. Otro paso que yo tome hace 5 años fue utilizar este proceso creativo y aplicarlo para curar adicción. En ese momento era imperativo que la pregunta: Puedo cambiar otras personas? Necesitaba una respuesta. Lo mismo sucedió lo que había sucedido anteriormente. Mi cerebro me estaba gritando, esa es una pregunta, lo que mi cerebro me estaba diciendo es que el resultado depende de la respuesta que yo escoja. Por supuesto, si yo escojo la respuesta "No, yo no puedo cambiar a la gente"; Entonces este pensamiento se convierte en mi realidad y mi cerebro me va a mostrar que yo debo hacer. Yo no haría nada. Esto sucede porque no cambiar a la gente no requiere acción de mi parte, pero esta respuesta no me era aceptable. Mi cerebro, divino cerebro que yo recibí, escogió a repetir: Si, yo puedo cambiar a todos todo el tiempo". Este es un pensamiento universal o eterno, porque este es un pensamiento que tiene un campo de acción grande y es de duración eterna.

Entonces, yo empecé a repetir, "Si yo puedo curar adicción y yo puedo cambiar cualquier persona". Mi cerebro me empezó a mostrar lo que yo tenía que hacer; yo empecé de instructor voluntario en un centro de rehabilitación para adictos y esta función se ha convertido en la cumbre de mi semana. En el entrenar a gente en el arte de pensar correctamente yo he descubierto muchos puntos similares con AA y Celebramos la Recuperación. Me da mucha satisfacción porque mi cerebro ahora ve con claridad las causas de adicción, que prolonga la adicción, y cuáles son las claves para curar la adicción. Durante mis clases hay ocasiones de discusiones acaloradas porque algunos de los elementos básicos para aprender son difíciles de entender para las persona adictas. Yo he notado casi universalmente que mi cerebro me hace sensible o cuando es necesario me hace fuerte. No es muy difícil para mí decirle a una persona adicta "Deje de sentir lástima por usted mismo". Yo sé que cuando usted está leyendo este libro, esta frase puede ser ofensiva para algunos, pero no para el adicto; En el momento correcto la frase "Deje de sentir lástima por usted mismo", Puede hacer la diferencia entre la vida y la muerte.

Con mucha frecuencia yo me encuentro en público con los pacientes que conocí en el centro de rehabilitación y universalmente me dicen que mis clases les han ayudado a cambiar sus vidas. Mis acciones tienen el poder de cambiar la manera de pensar de otra persona, pero es crítico que el adicto debe cambiar su manera de pensar para poder cambiar su vida. Mi pensamiento "yo puedo cambiar cualquier persona" Cambio mis acciones, pero mis acciones tienen el poder de cambiar la manera de que el adicto piensa. Es la manera de la cual el adicto pensó que ha causado la adicción y esto tiene que cambiar. AA lo dice de la siguiente manera: El adicto debe cambiar la manera apestosa de pensar para poder cambiar su realidad. El adicto debe cambiar sus amigos, sus lugares y sus circunstancias.

Yo siento la necesidad de resumir este capítulo repitiendo que "La energía de mis pensamientos está limitada a crear únicamente lo que el pensamiento describe y que mi cerebro esta sincronizado únicamente a mi voz".

CAPITULO SIETE

LA REALIDAD

Para hacer un resumen breve de lo que he estado diciendo, he decidido introducir este cuadro sinóptico que yo utilizo en mis conferencias. Observando el cuadro sinóptico usted podrá entender fácilmente el proceso de creación que crea el poder creativo. Este proceso empieza con un pensamiento; cada uno de nosotros debe escoger o debe decidir de repetir el pensamiento; el pensamiento nos causa, nos obliga a hacer ciertas acciones; y finalmente, la consecuencia de estas acciones se llamaría la realidad o el resultado de las acciones. La belleza de este proceso es que la imagen que se ve en nuestro cerebro se convierte en una realidad física. Por lo tanto se dice que el pensamiento y el resultado son iguales.

EL PODER CREATIVO

PRIMERO
USTED TIENE UN PENSAMIENTO
(IMAGEN EN SU CEREBRO)

SEGUNDO
USTED REPITE EL PENSAMIENTO
(HABLANDO, ESCRIBIENDO, PENSANDO)

TERCERO
SU CEREBRO LE MUESTRA LOS PASOS/ACCIONES
(ENCUENTRA MOTIVACION PARA REALIZAR LA ACCION)

CUARTO
USTED CREA SU REALIDAD O RESULTADO
(EL RESULTADO CREADO ES IDENTICO A EL PENSAMIENTO ORIGINAL)

Utilizando un ejemplo general, si yo digo, "Estoy fabricando una mesa" y yo repito este pensamiento, la consecuencia final sería que yo terminaría el proceso con una mesa física, material o real. Ahora que hemos repasado el proceso creativo, y quiero que mire alrededor de su cuarto donde usted está ahora presente, no hay necesidad de moverse. Si usted ve una silla, usted puede confirmar que esta silla empezó con un pensamiento; si usted ve una foto en un portarretrato, usted puede confirmar que esta foto comenzó con un pensamiento. Si usted ve una alfombra, usted podría confirmar que la alfombra comenzó con un pensamiento; si usted ve una lámpara, usted podría decir que esa lámpara comenzó con un pensamiento. La parte interesante que quiero que vea en este momento es que usted está rodeado por cosas que empezaron con un pensamiento, que se originaron en diferentes lugares y en diferentes tiempos. Lo que conecta estos pensamientos es USTED porque los está mirando en el mismo lugar y al mismo tiempo; uno se refiere a este estado como mi realidad. Por lo tanto la creación de mi realidad es similar a la creación de la realidad de cualquier persona. Nuestra realidad ha sido creada por nuestros pensamientos y pensamientos originados por otras personas y los estamos sintiendo al mismo tiempo y en el mismo lugar.

Vamos a complicar la situación un poco más, Porque no? Imagínese que una persona empezó a repetir

"Soy millonario" y "Odio comer piza" esta persona lo ha repetido por mucho tiempo y por muchas veces. La realidad que esta persona va a sentir es creada por pensamientos que ya se han convertido en una realidad física. Por ejemplo como el pensamiento "odio la piza" que ya se ha convertido en una realidad física pero que no podemos ver, y por pensamientos como" Soy millonario" que pueden que no sea verdad, pero que están en el proceso de creación.

Las buenas noticias acerca de nuestra realidad es que se pueden cambiar fácilmente, cambiando los pensamientos que crearon dicha realidad.

Es como si la realidad es hecha de plástico moldeable o más específicamente, nuestra realidad es un estado de energía que se está moviendo a través del espacio y el tiempo. La realidad que nosotros sentimos no es permanente y todas las realidades pueden ser cambiada y mejoradas.

Ahora quiero que piense por un momento acerca de sus propios pensamientos, usted puede que haya crecido en un hogar políticamente democrático; cuando llego a la universidad escogió asociarse con el partido conservador. Con el paso del tiempo, usted puede que se haya sentido traicionado por su partido político y ahora se considera simplemente independiente. Su punto de vista de su realidad cambio porque usted cambio sus pensamientos. Cuando usted era demócrata, usted se sintió victima de los millonarios; Como conservador usted sentía que los trabajadores eran perezosos y pedían más de lo que se merecían; y como independiente ahora siente o ve una realidad más balanceada. Es por tanto su elección pensar de una realidad como buena o mala, sin esperanzas o con un buen futuro. Su percepción de su realidad no depende de las sillas o la mesa o las lámparas. La percepción de la realidad depende de cómo usted escoge observar esta realidad específica en el momento que usted decidió sentir esta realidad. Para poder mejorar la explicación de realidades, yo quiero que se imagine una casa lujosa llena de muebles de mucho precio, dentro de esta casa vive un hombre que constantemente repite "Yo odio a todo el mundo". Debido a su pensamiento negativo este individuo va a sentir una realidad fría y cruel, sin efecto del valor de la casa y los muebles. Ahora quiero que se imagine una casa normal, con muebles usados donde hay una mama que constantemente repite "Dios me dio la mejor familia del mundo". La realidad que ella va a sentir, va a sentirse como el cielo en la tierra, porque sus pensamientos le permiten sentir un nivel de felicidad más alto que lo que la casa y los muebles sugieren.

Para mejor explicar este concepto profundo, permítame darle otro ejemplo. Yo trabajo y vivo en un pueblo pequeño en el occidente de Kentucky rodeado de fincas , lagos, ríos y bosques, en lo mejor que la naturaleza puede ofrecer, muy lindo. En esta área también viven gentes que se quejan de lo pequeño de este pueblo y de la gente campesina que nos rodea. Yo recuerdo una vez una de estas personas me menciono la necesidad de vivir en una ciudad grande como Nueva York, donde la gente tiene más educación, donde la vida se vive al máximo y la gente si saben vivir. Esta persona pago $200 dólares por noche por un cuarto de hotel mientras paseaba en Nueva York. Alrededor del mismo tiempo, yo decidí ir a caminar en uno de los muchos caminos entre el bosque que existen cerca de acá; En mi caminata, conocí una pareja que vinieron de Nueva York; En algún momento, durante nuestra conversación este nuevo amigo menciono que estaban pagando

$200 dólares la noche por un cuarto de hotel cerca del lago. La razón, querían escapar de las luces, el ruido, las multitudes y disfrutar de lo que las naturaleza ofrece. La pareja de Nueva York y yo estábamos compartiendo el mismo pensamiento y podíamos ver nuestro medio ambiente de la misma manera. Esto es en contraste con la opinión de la persona local que sentía la necesidad de viajar a Nueva York. El detalle para entender es que nuestra realidad cambia dependiendo en los pensamientos que cada uno de nosotros escoge para repetir.

Una característica muy peculiar es que nuestros pensamientos pueden complementarse cuando dos están compartiendo la experiencia. Imagínese la pareja de Nueva York caminado por el bosque. Imagínese que el señor está muy emocionado al respecto. Ahora sume el pensamiento de la señora que también está muy feliz de esta realidad. Por esta razón ellos van a sentir una realidad con un nivel de placer más alto. Ahora imagínese que el esposo de esta pareja está muy contento de estar acá, pero su esposa está presente únicamente por soporte moral. El nivel de satisfacción sentido por el hombre seria reducido por que la energía producida por la esposa ha sido substraída.

Ahora quiero que se imagine una familia de cuatro personas, que decidieron tomar unas vacaciones y cada persona está muy contenta con la idea. La energía de esta realidad va a ser más alta porque estamos sumando la energía producida por cuatro personas.

Nuestra realidad no es creada por un solo pensamiento, nuestra realidad es creada por pensamientos múltiples aun si los resultados de dichos pensamientos no se pueden observar. Un ejemplo seria la realidad llamada adicción. La adicción no es creada cuando repite "Yo quiero ser adicto" o por lo menos ninguna persona adicta ha admitido repetir este pensamiento. La adicción es el resultado de muchos pensamientos que llegan juntos a afectar un individuo al mismo tiempo. Alguno de estos pensamientos son fáciles de entender y de ver. Un pensamiento muy común entre los adictos es" A mí no me importa" o "Esta vida es muy cruel" o "No tengo esperanzas". El uso práctico de este capítulo es el de enseñarle que para cambiar nuestra realidad nosotros debemos empezar cambiando los pensamientos que crearon esta realidad. Entre más pensamientos cambie, mas cambios se van a ver en su realidad.

En conclusión mantenga siempre presente que nuestra realidad personal es creada por nuestros pensamientos y nuestros pensamientos están bajo nuestro absoluto control 100% del tiempo. Nosotros decidimos que pensamientos debemos repetir.

CAPITULO OCHO

LA LEY CARDENAS

En el libro de Efesios 6:12 nos enseña que nuestras dificultades no son contra poderes humanos, si no contra fuerzas espirituales malignas que tienen dominio sobre nuestra tierra. Uno de estos poderes es un poder llamado el conocimiento; siempre he encontrado muy interesante que en el jardín del Edén había dos árboles en el centro, el árbol de la vida y el árbol del conocimiento del bien y del mal. La advertencia que Dios dio a los humanos era no comer del árbol del conocimiento, porque conociendo el bien y el mal el hombre garantizaba su muerte.

Cuando yo era niño el poder del conocimiento se menciono de muchas maneras especialmente por mi madre que repetía, que la educación era la ruta al éxito. El poder del conocimiento parecía ser la clave para solucionar todos nuestros problemas. Es esto cierto?. Por lo tanto la mayoría de mi vida he perseguido el conocimiento con una fuerte intensidad. Yo siempre he sentido el hambre por saber más, o al menos saber más que cualquier persona cerca a mí. Siempre me he sentido capaz de entender aun los temas más difíciles, únicamente por el placer de entender. Por ejemplo, cuando estaba en la universidad y mis amigos estaban contentos de graduarse con un titulo, mi cerebro quería dos. Entonces yo obtuve un titulo en Química y uno en Biología. Cuando entre a la Universidad a estudiar medicina también acumule una gran cantidad de conocimientos, anatomía, fisiología, bioquímica, patología, cirugía, farmacología, etc. Mi cerebro era, es, y va a continuar siendo un bello disco duro externo para almacenar conocimiento.

Hace quince años, me encontré con la necesidad de solucionar el problema más grande que yo tenía en ese momento, mi obesidad. Yo me había convertido en un doctor obeso, teniendo que decirles a mis pacientes que perdieran peso; Pero aun así, yo era incapaz de solucionar mi problema. Quiero que recuerde que mi cerebro estaba y está lleno de conocimientos, mi cerebro sabía lo que tenía que hacer, pero mi cerebro carecía de la motivación para empezar el proceso. De vez en cuando había un esfuerzo temporal, que no duraba mucho y rápidamente regresaba a mis viejos hábitos. Yo comía brownies en la noche mientras veía televisión aun cuando tenía la sensación de llenura y acides estomacal. Era una locura. Por las mañanas, después de recordar cuantos brownies me había comido, yo me prometía a hacer cambios únicamente para repetir la misma locura noche tras noche. Me sentía como un prisionero de mi destino, como una persona loca, sabiendo lo que quería hacer, pero no entendiendo como lograrlo, yo estaba paralizado por un poder que yo no podía ver.

Se me hizo muy fácil entender que todos mis conocimientos, acumulados a través del tiempo, no eran suficientes para cambiar mis hábitos. Pero por favor quiero que entiendan que no era una falta de intentar perder peso, pero siempre fallaba en alcanzar mi meta de obtener un peso normal, de la misma manera que el resto del mundo. Mi problema era que estaba dependiendo del poder del conocimiento, pero el poder del conocimiento era muy débil para cambiar mis hábitos. Mis hábitos están bajo control de un poder mucho más fuerte que yo escogí llamarle el poder creativo. Este libro exclusivamente intenta enseñarle que usted posee este poder, haciendo mi trabajo muy simple. Mi trabajo es enseñarle como utilizar este poder para su beneficio.

El poder creativo tiene cuatro pasos: El pensamiento, la repetición, acciones o hábitos y el resultado. El poder creativo es limitado al pensamiento mismo; el poder creativo no puede crear nada afuera del pensamiento.

Yo empecé a experimentar con este poder hace quince años y como lo he mencionado antes, mi experimento era muy simple. Yo escogí observar por cualquier cambio o por la consecuencia de la repetición de un pensamiento particular. Mi primer pensamiento fue "Me veo muy bien" que es en contraste directo con el pensamiento "Soy muy gordo". Después de varias repeticiones empecé a sentir la energía del poder creativo; para este caso usted lo llamaría motivación. La primera acción que yo tome fue hacer una lista de comidas que yo consideré que eran toxicas a mi cuerpo. Las harinas y el azúcar tenían que desaparecer, incluyendo mis amados brownies. Me fue sorprendente cuando yo encontré este cambio muy fácil de hacer, casi como sin resistencia. Cuando empecé a perder mi peso, la motivación para caminar largas distancias entro a mi cuerpo. Mejor dicho, la necesidad de caminar largas distancias entro a mi cerebro. El siguiente paso que sentí, fue la necesidad de levantar pesas y últimamente me ha entrado la necesidad de hacer batidos de proteína y fruta. La consecuencia de todas estas acciones, fue que mi cuerpo cambio de figura y tamaño y mi cuerpo continua moviéndose en la dirección determinada por mi pensamiento.

Una observación interesante que hay que hacer es que todos los pasos que yo tome en mi camino "Me veo muy bien" eran los mismos pasos que mi cerebro sabia con la gran diferencia que el deseo de ejecutar estos pasos me fue dada gratuitamente. El pensamiento por sí mismo, me está forzando a caminar en la dirección "Me veo muy bien". Hoy aun me despierto a las cinco de la mañana sintiéndome descansado con el deseo de hacer ejercicio y con hambre para mi batido de proteína. Este deseo es tan fuerte que en los días que mi trabajo no permite hacer ejercicio, siento un malestar, una necesidad de usar mis músculos de la misma manera como si estuviera haciendo ejercicio. La observación que hay que recordar es que mis hábitos están bajo el control del poder creativo y no bajo el poder del conociendo.

Para completar su entendimiento quiero mencionar que el conocimiento y el poder creativo no son los únicos poderes afectando su vida. Miedo, odio, amor, responsabilidad, autoridad, etc. son otras fuerzas pero estas fuerzas son tan débiles como el conocimiento y no cambian sus hábitos.

La pregunta que mi cerebro se hizo era o es, cómo es que este poder controla mis hábitos? La explicación es muy simple, este poder sigue La Ley Cárdenas. La ley Cárdenas no es un nuevo poder o energía. Es simplemente la descripción de como el poder creativo controla sus hábitos.

De la manera más simple de explicar la Ley Cárdenas es "Nuestro cerebro únicamente nos muestra las acciones que completan el pensamiento que estamos repitiendo". Tiene como función el rellenar o completar el pensamiento. Es el vehículo utilizado por un pensamiento para viajar a través de varias dimensiones para convertirse en realidad física. Esto es opuesto a la lógica utilizada por el conocimiento, pero es una nueva lógica que completa el pensamiento. Una explicación más abundante es necesaria para que entienda este punto muy importante.

Voy a empezar con el pensamiento" Me veo muy gordo". Ahora mismo, cualquier persona que ha leído este libro hasta este punto tiene la capacidad de predecir el resultado si yo repito este pensamiento muchas veces. Como usted ya sabe que el pensamiento y el resultado son iguales, usted podría predecir que la persona que repite el pensamiento" Me veo muy gordo" va a ganar más peso y se va a engordar mas. La repetición de este pensamiento eventualmente traerá el pensador a un momento en el cual tiene que tomar la decisión de que acción debe tomar. Por favor no se apresure en contestar la pregunta. Antes de que yo le de las acciones a escoger, quiero que conteste la pregunta, QUE OPCIÓN COMPLETA EL PENSAMIENTO? Recuerde, que la pregunta no es que debe hacer la persona? (Utilizando el conocimiento) Pero la pregunta es que opción completa el pensamiento?

Si yo he estado repitiendo el pensamiento "Me veo muy gordo" y llega el tiempo cuando tengo de decidir qué comer y tengo la opción de escoger entre una manzana y un brownie, que opción completa el pensamiento "Me veo muy gordo"?. La respuesta es por supuesto el brownie. Entonces el pensador siente un deseo intenso de comer el brownie y evitar la manzana. El deseo de comer el brownie ha sido creado por la repetición del pensamiento "Me veo muy gordo", y este deseo va a ser capaz de dominar el conocimiento que yo poseo de si este es saludable o no. Qué pasa cuando yo escojo el brownie? El pensamiento se completa y el pensador gana peso. Recuerde la ley Cárdenas: Mi cerebro escoge la opción que completa mi pensamiento.

Como consecuencia de haber comido el brownie yo gane peso. Mis pantalones me quedan muy angostos lo que me causo repetir "Estoy muy gordo" así creando un círculo vicioso. Ahora quiero que se imagine que tengo que escoger la actividad para hacer después de la comida y se me presentas dos opciones, caminar o ver televisión. Recuerde que la pregunta es, "que opción completa el pensamiento Me veo muy gordo". La pregunta no es qué debo hacer? Esta última pregunta necesita una respuesta basada en el conocimiento. El pensador va a sentir la necesidad de sentarse y ver televisión mientras hace excusas de porque el caminar no es una buena idea en este momento. Porque es que el pensador escogió ver televisión en vez de caminar? La respuesta es que la opción de ver televisión llena o completa el pensamiento de "Me veo muy gordo". Esta decisión podría haber sido predicha con anticipación con el uso de la ley Cárdenas.

El pensamiento" Me veo gordo" cuando es repetido crea una energía que causa que el pensador escoja el brownie y la televisión como las únicas posibilidades causando que el pensador las escoja. La consecuencia de estas decisiones es por supuesto que el pensador gana peso, haciendo que el pensamiento "Me veo gordo" se convierta en su realidad. La persona haciendo la repetición tiene el conocimiento de lo que es saludable y es mejor para poder perder peso, pero el conocimiento es una fuerza muy débil, incapaz de dominar sus hábitos. Nuestros hábitos y nuestro comportamiento están bajo el control del poder creativo generado o creado por todos los pensamientos que hemos estado repitiendo desde el primer momento que fuimos capaces de pensar.

Otro ejemplo es necesario para aclarar cualquier duda en su mente. Yo cambie mi manera de pensar durante mi experimento "Me veo muy gordo" a "Me veo muy bien". Yo empecé a repetir este pensamiento intencionalmente y con mucha frecuencia; yo no he intentado contar el número de veces que un pensamiento debe ser repetido, pero simplemente empecé a repetirlo como parte del experimento con esta energía. Yo recuerdo que la primera acción que yo hice fue hacer una lista de comida para evitar. A continuación de repetir el pensamiento "Me veo muy bien" yo sentí una energía, motivación, casi como un afirmamiento de que yo iba a ser capaz de completar algo nuevo. Fue así que cuando tenía la opción de escoger entre el brownie o la manzana; mis preferencias empezaron a cambiar. Quiero que recuerde que la pregunta a contestar no es: Que debo hacer? Pero en vez: Que opción completa mi nuevo pensamiento?. La respuesta en este caso por este pensamiento, por esta opción, era la manzana; lo que yo sentí era el deseo de comer manzana y el odio por el brownie. Esta decisión ahora era muy simple porque el brownie perdió su seducción.

Con el paso del primer mes cuando perdí 30 libras, la emoción se estaba aumentando y la repetición del pensamiento se incremento. El siguiente paso fue un deseo inexplicable de hacer actividades físicas. Consecuentemente cuando se me presento la opción entre ver televisión y caminar, la opción fue muy clara y fácil. La razón fue porque la ley Cárdenas estaba funcionando. Caminar simplemente completa el pensamiento "Me veo muy bien".

Yo se que este momento es posible que no entienda el poder de lo que le estoy enseñando, pero en los siguientes meses se dará cuenta. En los meses que siguieron mi descubrimiento mi cerebro empezó a investigar cada pensamiento que yo había estado repitiendo causándome más apreciación por la energía que los pensamientos contienen.

Con la realización de que todas las cosas empiezan con un pensamiento, entendí que la repetición de un pensamiento genera una energía que controla mis acciones. Como mis acciones son controladas por el pensamiento sentí mucho más control sobre mi futuro, me di cuenta que mi vida estaba controlada por mis pensamientos y yo era la única persona responsable por los pensamientos que yo quería repetir. Empecé a encontrar la explicación de por qué estudiar medicina fue tan fácil, porque ahorrar dinero fue tan fácil y porque perder peso ahora es muy fácil y lógico. Durante los periodos obscuros de mi vida, antes de mi entendimiento del poder creativo, todos mis esfuerzos eran dirigidos a controlar mis acciones. Después del entendimiento, mi foco se hizo muy agudo y empecé a enfocarme exclusivamente a controlar mis pensamientos. La razón por la cual esto sucede es porque una vez que usted entiende la ley Cárdenas, usted se da cuenta que sus acciones, todas sus acciones son causadas por su pensamiento. En ese momento mi vida se hizo lógica, no debido al conocimiento, pero lógica debido al poder creativo.

La simplicidad de la vida puede ser escrita de la siguiente manera:

Si su pensamiento es negativo y usted lo repite, su acción será negativa(error) y el resultado será negativo; Pero,

Si su pensamiento es positivo y usted lo repite, su acción va a ser positiva(acción correcta) y las acciones el resultado será positivo.

Así que en conclusión, yo quiero recomendarle que usted deba dejar de preocuparse de sus acciones y las acciones de otra gente y empiece a ponerle atención exclusivamente a lo que nosotros estamos pensando.

CAPITULO NUEVE

SU REALIDAD PERSONAL

Tiempo de inventario: Ahora usted entiende que absolutamente todos los humanos tenemos el poder de pensar y como consecuencia todos poseemos la habilidad de producir el poder creativo. Además ya debe entender que el poder creativo está actuando así nos guste o no. Ahora que usted entiende que nuestros pensamientos tienen consecuencias, es hora que cada uno de nosotros debemos tomar un análisis a lo que hemos estado pensando. Nosotros necesitamos entender porque las cosas son como son. Si usted es como el resto de los otros humanos, yo sospecho que su vida es una mescla de buenas experiencias y otras no tan buenas. Es hora de empezar a analizar cada pensamiento que ha salido de nuestra boca. Cada uno de estos pensamientos puede que ya sea realidad o está en el proceso de creación. Algunos de estos pensamientos pueden estar a punto de darle consecuencias que usted quisiese evitar.

En el curso de nuestra vida aquí en esta tierra, puede que usted haya hablado pensamientos como: "Esto está en las manos de Dios", "Dios no existe", "No tengo suerte" , "Me gusta esto, Me gusta aquello", "Me gustan las fresas" etc., etc. Recuerde cuantos pensamientos sea posible desde que usted era niño. Algunos de estos pensamientos han cambiado, que no deberían haber cambiado. Además hay pensamientos que usted conoce que no ha empezado a repetir, pero que debe empezar a repetir para crear una realidad más positiva en el futuro. Cada pensamiento debe ser analizado y confirmado o rechazado de una vez por siempre. Este análisis debe hacerse para determinar que pensamientos van a producir el máximo beneficio para usted, su familia y el resto del mundo. Este análisis debe ser completo para asegurar que su propósito en esta vida se complete.

Todos nosotros debemos empezar el trabajo requerido analizando nuestra situación presente y utilizando el proceso creativo. Nosotros debemos identificar que pensamientos están siendo repetidos para identificar los pensamientos positivos y los negativos. Para lograr esta meta yo recomiendo el uso de un espejo, no un espejo físico, si no uno que usted puede crear en su mente. Imagínese que su espejo esta a su izquierda y usted puede ver la imagen o su pensamiento fácilmente; a su derecha está el objeto físico que está siendo reflejado (su realidad). En este momento en el proceso de leer este libro, este ejercicio debe de ser muy fácil, porque usted ya debe de entender el poder creativo. Consecuentemente, usted debe entender que el pensamiento y la realidad son iguales. Vamos a asumir que usted mira a la derecha y usted ve el resultado, un médico. Sin usted mirar a la izquierda usted debe ser capaz de predecir que en el pasado esta persona repitió "Voy a ser un médico". Nuevamente, esto es posible porque el proceso creativo enseña que el único resultado posible de repetir "voy a ser médico" sería un médico idéntico a la imagen que vio en su mente. Nuevamente, el pensamiento y el resultado son idénticos.

Cambiando la dirección, quiero que mire hacia el espejo y sin mover la cabeza haga predicciones con diferentes pensamientos, de qué futuro va a crear. Esto es posible porque usted debe saber que el pensamiento y el resultado son idénticos, como el proceso creativo dicta. Primero, mire a su izquierda y en el espejo usted lee el pensamiento "Esta vida es muy dura". Si una persona repitiese este pensamiento por mucho tiempo, usted puede predecir, usando la Ley Cárdenas, que el futuro esta persona va a cometer muchos errores. El resultado de estos errores va a causar que su vida sea más dura de lo que es hoy. La vida de esta persona va a hacerse más dura, no porque la vida va a ser más dura para todo el mundo, pero porque los pensamientos únicamente afectan al pensador. Entonces lo que nos debemos preguntar es, si debo continuar repitiendo este pensamiento o simplemente cambiarlo. Su respuesta puede ser sí, no, no sé, nadie sabe. Su resultado dependerá de la respuesta que escoja a repetir.

Si usted mira en el espejo y usted ve el pensamiento "Nadie sabe que va a suceder en el futuro", que es un pensamiento muy común. Como usted ya entiende el poder creativo, usted puede predecir que si yo repito "Nadie sabe lo que va a pasar", mi futuro incluiría DUDA. Nuevamente, esta realidad únicamente afecta a la persona repitiendo el pensamiento.

El número de pensamientos negativos que nosotros repetimos sin el conocimiento del poder creativo es grande y si no los identificamos, crearíamos muchas dificultades en el futuro. Pensar que nuestro destino no tiene control en vez de pensar que nuestro destino es nuestra creación es muy peligroso.

Uno de estos pensamientos que yo escucho con frecuencia en mi practica de medicina es "Me estoy poniendo viejo, o todos vamos a morir". Yo le advierto que nunca repita estos pensamientos y ahora le voy a explicar. Imagínese que usted miro a la izquierda y en el espejo leyó "Me estoy poniendo viejo". Basado en el hecho de que usted ya conoce el poder creativo e infalibilidad de este poder, usted puede predecir la persona presente a su derecha enfrente del espejo. Esta persona será un anciano sufriendo de osteoporosis, caminando con ayuda y arrastrando sus pies en los corredores del asilo de ancianos. Además la Ley Cárdenas le permite ver las acciones que causaron que esta persona a su derecha fuese tan débil. La Ley Cárdenas le permite entender porque el pensador no hacía ejercicios o le gustaba fumar o no quería evitar otras acciones negativas. La perdida de la salud ocurre porque las preferencias en su comportamiento están dictadas o dirigidas por el pensamiento. El pensamiento "Me estoy poniendo viejo" se va a ser realidad aun si el pensador no le gusta la consecuencia.

En adición a las actividades descritas en el primer capítulo, que deben ser parte de su ADN, yo le recomiendo que usted se tome mucho tiempo con la actividad del espejo. Esto debe convertirse en un habito automático para poder explicar cómo fue que usted llego a su presente realidad. Usted va a ser capaz de apreciar donde se encuentra hoy (la explicación de sus pensamientos pasados), pero más importante va a ser como llegar donde usted quiere estar en el futuro (pensamientos nuevos).

Una de las observaciones que yo he podido hacer cuando instruyo, es que mucha gente expresa ciertos pensamientos como si fuesen una ley universal y eterna. Mi respuesta es generalmente malinterpretada, porque suena como sarcasmo, pero esta no es mi intención. Yo respondo simplemente a lo que escucho: "Eso es un pensamiento". Mi alumno cree y afirma que su pensamiento es la única verdad basado en el pensamiento que él ha estado repitiendo. Usted el lector, va a dudar muchas de estas" leyes" con las cuales usted ha vivido. Yo le recomiendo que usted dude cada pensamiento porque la explicación dada por el poder creativo va a ser más simple de lo que usted se imagina y va a obtener más paz de lo que usted se imaginar.

Una situación en la que yo me encontré fue cuando trate de explicar la expresión "Los ricos se hacen más ricos y los pobres se hacen más pobres". Admito que yo he repetido este pensamiento. Yo recuerdo que la persona que hizo este comentario se refería a una conspiración entre los millonarios y el gobierno para represar a los pobres. Esta persona vio una barrera inviolable que le prevenía el tener éxito. La consecuencia de repetir este pensamiento es que el pensador crea la barrera inviolable. Es el pensador el que esta creyendo la conspiración que limita sus esfuerzos, el pensador había aceptado que nunca va a haber cambios. Por lo tanto cuando estos pensamientos se repiten se crea una realidad con mucha ira y sin esperanzas. Nunca permita que lo mismo le suceda a usted.

La explicación dada por el poder creativo con este pensamiento es muy simple. La persona con dinero repite un pensamiento como "Ganar más plata es fácil" y el gana más plata. La Ley Cárdenas puede predecir que este pensador con plata se pasa su tiempo pensando en que maneras él puede ganar y ahorrar más plata. No hay necesidad de buscar por la "conspiración ". La persona sin dinero pasa su día pensando que tan difícil es ganar y ahorrar plata, esta persona crea vallas y obstrucciones en su mente. El resultado final de repetir este pensamiento va a ser, la perdida de los pocos ahorros que tenia. El pensamiento "Los ricos se hacen más ricos y los pobres se hacen más pobres" es la realidad dependiendo de quién este repitiendo el pensamiento.

Un clavo mas para remachar: Bill Gates se transformo de pobre a billonario porque el repitió el pensamiento "Si yo puedo".

CAPITULO DIEZ

EL DESCUBRIENDO DEL TIEMPO Y LA APLICACIÓN DEL TAMAÑO

Como lo discutimos en el capitulo pasado, yo decidí analizar los pensamientos que yo estaba pensando. Me sentí motivado porque tenía varias armas a mi lado. Primero, yo entendí que todo es creado por el pensamiento. Yo entendí que la repetición de un pensamiento crea una energía que yo escogí llamarla el poder creativo. Yo entendí que mi cerebro esta sincronizado a mi voz únicamente. Yo entendí que este poder creativo se limita a crear lo que el pensamiento describe. Yo entendí que aunque mucha gente me desee algo, yo soy el responsable por repetir el pensamiento requerido para crear mi destino. Yo quiero decirle que yo me sentí en control. Mi peso continuaba bajando y la figura de mi cuerpo estaba cambiando debido al hecho que yo estaba analizando todos los pensamiento que yo estaba repitiendo. El progreso era evidente.

Como yo estaba consciente del ejercicio del espejo, únicamente tenía que imaginar mi futuro, el siguiente paso era crear los pensamientos que producirían ese futuro; el resto era repetición. Yo nunca he sido un socialista, alguien que desea lo mismo para todo el mundo. En ese sentido yo siempre he sido un competidor, yo quiero más que los demás y siempre he estado dispuesto a trabajar para obtenerlo. Yo decidí obtener sabiduría, fortaleza, salud, dinero, valor y ser audaz; simplemente yo quería todo, por lo tanto mi pensamiento original fue "Yo seré sabio, fuerte, mancebo, saludable, rico y audaz". Yo escribí esto en tarjetas y los puse en lugares donde mi cerebro los veía y luego comencé a repetir este pensamiento. Aún más yo hice un archivo de mi voz en MP3 y lo escuchaba todo el tiempo. Yo estaba escuchándome repetir este pensamiento.

Después de varios días de repetición entendí que el ejercicio del espejo es correcto, pero que mis pensamientos contenían un elemento de tiempo que afectaban el resultado. Por ejemplo, si yo repito "Voy a hacer hamburguesas esta noche", el pensamiento de por si me limita a hacer hamburguesas esta noche y nada más. Yo pudiese repetir el pensamiento" Voy a hacer hamburguesas esta semana" o yo puedo repetir "Voy a comer hamburguesas para el almuerzo". El pensamiento en si mismo parece tener control del tiempo. Cuando yo empecé a repetir "Voy a ser un médico", la imagen creada ya contenía un factor de tiempo, porque era la imagen de un adulto de 30 años. La imagen que yo escogí no era joven como Doogie Howser. Aunque sea expresado intencionalmente o no, todos los pensamientos tienen un factor, una variable de tiempo; cuando empecé a repetir el pensamiento "Yo seré sabio, fuerte, mancebo, saludable, rico y audaz", yo estaba empujando el resultado hacia el futuro. Yo estaba prolongando el tiempo cuando este pensamiento iba a ser mi realidad. Lo que se estaba haciendo más claro en mi mente, es que los pensamientos me dan el poder de controlar el tiempo. La mayoría de nosotros los humanos vemos el tiempo de una función linear y la idea de reversar el tiempo no parece posible. Sin embargo, para aquellos que tienen el placer de entender física cuántica, entienden que el tiempo es relativo tanto como la velocidad y la posición en el espacio. La idea de que yo puedo controlar el tiempo con mis pensamientos fue muy emocionante. Al lado practico, mi cerebro empezó a preguntarse si era posible volverme más joven.

Aún sin intensión se siente sarcástico cuando contesto "eso es un pensamiento". Yo quiero que entienda que una pregunta no es un pensamiento, pero es el punto de origen de pensamientos dependiendo en la respuesta dada. La mayoría del mundo viven con el pensamiento "No, yo no puedo cambiar el tiempo", Pero imagínese si yo escogiese contestar la pregunta con el pensamiento "Si, yo puedo cambiar el tiempo". Lo único que voy a tener que hacer es repetir el pensamiento y la Ley Cárdenas predice que mi cerebro me va a mostrar los requisitos para hacer que este pensamiento sea mi realidad.

Anotación: Las preguntas no son pensamientos, no causan una imagen, pero en vez son el punto donde muchos pensamientos se originan.

Yo tuve que replantear y mi nuevo pensamiento era: "Hoy, yo soy sabio, fuerte, mancebo, saludable, rico y audaz". Yo no tengo duda que yo he recibido todas estas respuestas. La razón por la cual yo puedo decir que yo he recibido todas estas respuestas, es porque mi cerebro empezó a ver este mundo de una manera diferente. Esta diferencia no es una sorpresa considerando que ya le he dicho que nuestra realidad cambia cuando cambiamos el pensamiento que ha causado la primera realidad.

El próximo paso en mi progreso fue la realización del tamaño de los pensamientos y el efecto de mis pensamientos en otros individuos. Vamos primero a analizar el tamaño de los pensamientos. Si yo empiezo a repetir el pensamiento "Yo no puedo hacer nada", el campo de este pensamiento no me permitiría actuar de cualquier manera. Yo puedo cambiar el pensamiento a "Yo puedo hacer cinco cosas". Usted podría ver que el tamaño o el efecto de este pensamiento seria más grande que cero. Si yo cambio el pensamiento a "Yo puedo hacer todo". El tamaño de este pensamiento es mucho más grande que los dos primeros y aún mas yo puedo añadir TIEMPO para aumentar el efecto de este pensamiento. Por ejemplo si yo remplazo el pensamiento anterior con "Yo puedo hacer todo, todo el tiempo"; Este pensamiento se convierte en un pensamiento eterno que quiere decir que este pensamiento no tiene límites.

Entendiendo el tamaño de los pensamientos yo decidí abrir el pensamiento que yo había estado repitiendo. Mi nuevo pensamiento se convirtió "Hoy soy más sabio, mas fuerte, mas mancebo, más saludable, más rico y más audaz". El número de repeticiones únicamente depende de mí. Recuerde que nadie mas es responsable por la repetición de sus pensamientos. Usted es responsable 100% por los pensamientos que usted escoge a repetir.

Con mis éxitos obtenidos en todas las áreas en mi vida, yo empecé a analizar el efecto que mis pensamientos tienen en otras personas. Usted debe estar consciente que yo enseño, que su cerebro únicamente le escucha a su voz y esto permanece siendo cierto. Yo empecé a investigar cómo es que la oración funciona y como yo puedo influir a otras personas. Sera posible?.

Un pensamiento muy común entre las personas relacionadas a individuos que sufren de adición es "El adicto tiene la última palabra" o "Yo no puedo hacer nada". La repetición de estos pensamientos no me obliga a tomar acción. Vamos a asumir que yo cambio el pensamiento a "Yo puedo curar a cualquier adicto" Sera posible? La respuesta es sí! Cualquier pensamiento que uno repite va a generar la realidad deseada. Yo decidí empezar a repetir "Yo puedo curar a cualquier adicto". El deseo de ayudar a aquellos individuos que sufren de adición apareció en mi cerebro. La oportunidad para empezar me llego a través de uno de mis pacientes. Muy pronto, yo estaba enseñando el poder creativo semanalmente a un grupo de adictos en un centro de rehabilitación. Fue hasta que yo abrí la puerta a la posibilidad, que la posibilidad apareció. Durante estas discusiones yo siento mi habilidad en hacerles cambiar su manera de pensar. Mis pensamientos causan mis acciones, pero son mis acciones las que les cambian su manera de pensar. Una vez que el adicto reconoce que su realidad, su adicción ha sido causada por su manera de pensar, la solución al problema de adición aparece rápida y fácil.

El cambio en la manera de pensar del adicto no ocurre inmediatamente, es un proceso que ocurre sobre un tiempo cuando la nueva manera de pensar empieza a tomar efecto y el pensamiento destructivo empieza a desaparecer. Entre más rápido se cambien los pensamientos destructivos más rápido se soluciona el problema. Una de las acciones más importantes que una persona puede tomar es hacer responsable al adicto quien debe repetir la nueva manera de pensar. Para obtener el comportamiento deseado, nuevos pensamientos deben aprenderse y deben ser repetidos. Manteniendo la expectativa del nuevo pensamiento es una manera muy efectiva de cambiar la manera de pensar del adicto. Cuando los pensamientos que una persona repite, su realidad va a cambiar congruentemente.

CAPITULO ONCE

MI DESILUSION

Después de que descubrí esta energía a la que llame El poder Creativo y empecé a entender que todas las cosas comienzan con un pensamiento, yo empecé a preguntarme acerca de todos pensamientos que había estado repitiendo. Yo reconozco por ejemplo que desde que era un niño yo venía repitiendo "Yo voy a ser un médico" Y la repetición de ese pensamiento tuvo un gran impacto en mi vida. Como resultado de esa repetición, yo he sentido la dirección y el propósito de mi vida. También empecé a comprender que pensamientos como "Estoy gordo" me llevaron a los momentos más negativos de mi vida. Sin embargo, esos pensamientos me llevaron a descubrir el poder del pensamiento y a reconocer los diferentes campos a los cuales el pensamiento afecta.

Como resultado de repetir "Estoy gordo" me convertí en un gordo a pesar de todo mis conocimientos. Ese pensamiento creo increíbles dificultades en mi vida. Me empecé a dar cuenta como muchas personas alcanzaban el éxito y otras no. Empecé a entender cómo es posible que unas personas puedan lograr el éxito en unas áreas de su vida, pero en otras áreas son un total fracaso. Entonces concluí que desde ese momento y de ahora en adelante, yo iba a evaluar cada pensamiento que había recibido y repetido desde que era niño. Yo iba a poner a prueba todas las expresiones, verdades y hechos que siempre había escuchado. Me iba a concentrar simplemente en los que mi ejercicio del espejo me permitiera; Esos pensamientos que yo aceptaría, fueron verdaderamente beneficiosos.

Me sentí, por no decir menos, en la cima del mundo. Al mismo tiempo que continuaba con el proceso de repetición de mis pensamientos, llegue a la conclusión de que no mucha gente entendía el poder de los pensamientos y el proceso de su creación. Me volví intolerante con los políticos y las noticias, me sentí más atraído hacia pensamientos más profundos, más sabios, más grandes y mejores. Una noche a eso de las 2:00 de la madrugada. Me desperté y no podía dormir. Abrí mi

Biblia y empecé a leer Mateo , capitulo 15. A medida que avanzaba en la historia, llegue al versículo 19 y allí estaba. Y para los que no estén familiarizados con Mateo 15:19 dice así:
"De nuestros corazones salen malos pensamientos........".
Inmediatamente quede desilusionado de que las cosas que había descubierto a medida que estudiaba la manera de pensar, se encontraban en un libro que había sido escrito 4000 años atrás. La desilusión no duro mucho y sentí miedo al saber que estaba compitiendo con Dios. Yo he aprendido durante los años que uno no debe jugar con Dios. Me sentí feliz de aceptar mi lugar por debajo de Dios en su cadena de comando. Mi interés en las enseñanzas de la biblia creció a medida que mi ira aumentaba hacia los profesores que me habían enseñado sobre ella en el pasado. Después de 45 años de estar escuchando sobre Dios, alguien no sabía? Podría alguien haberme dicho? Podría alguien habérmelo explicado? Porque nadie me dijo que mis propios pensamientos fueron los que me causaron mis fracasos. Aparentemente, esas monjas, pastores y maestros de la biblia no sabían y no entendían que mis pensamientos eran las causa de todos mis problemas. Llegue a esa conclusión mucho antes de que yo comenzara diligentemente a estudiar la Biblia. De alguna manera me sentí la confirmación de mi nueva forma de pensar. Me sentí seguro de que yo no era el único que tenia la loca idea de que los pensamientos tienen energía y que esa energía acarrea consecuencias.

Por consiguiente mi interés por las enseñanzas de la biblia creció aun más. Antes de comenzar a investigar más profundamente en este tema, quiero resaltar que hasta este momento aun hay muchas cosas que todavía no tienen mucho sentido. Por ejemplo Dios no salvo a mi pequeño sobrino de la muerte a pesar de mis constantes oraciones. Después de perder mucho peso, me sentí prejuicioso hacia los pastores gordos. Juzgue a los pastores que tenían relaciones extra matrimoniales. Me parecía que en todos esos casos Dios parecía estar inalcanzable, sin poder y ser incapaz.

Quisiera exonerarme en este momento. Este libro es acerca de los pensamientos y a través de el espero poder entrenarlo en la manera de pensar. Simplemente quiero mostrarles mi viaje de la manera que yo lo recuerdo. También quisiera que ustedes entendieran que durante mi camino, he cambiado mi manera de pensar y sospecho que lo continuare haciendo. Este libro no pretende hacerlo un creyente de Jesucristo, como se lo presentaría un seguidor de cualquier iglesia, de aquellos que usted se ha encontrado en su camino. Pero tengo que admitir, sin embargo, que mi fe se ha engrandecido a niveles que nunca imagine pudiesen ser posibles. Mi entendimiento de Dios, según la Biblia lo explica, se ha incrementado. Después de conocer El poder Creativo y leer lo que la biblia dice, ahora siento que estoy acercándome a nuestro creador y a su maravilloso amor.

Fueron sentimientos dulces y amargos a medida que comencé la búsqueda, con la ayuda de guías empecé a buscar respuestas en la biblia, a las preguntas que mi mente se hacía. Fue allí donde llegue a Proverbios 23:7 y allí estaba de nuevo. "A medida que el hombre piensa, el crea". Esto es exactamente la misma conclusión a la que yo había llegado; Nosotros somos la consecuencia de nuestros pensamientos. Así como las pruebas comenzaban a emerger de la biblia, me sentí engrandecido para continuar enseñando; después de todo, ya tenía respaldo. Comencé a enseñar los cuatro pasos. **Pensamientos, Repetición, Acción** y los **Resultados**. Otros nombres pueden ser utilizados, pero la idea del proceso permanece igual. Para algunos de ustedes que tiene grados en negocios, a ustedes también les fue enseñado el proceso por medio de los nombres: **Visión, Misión, Plan de acción y Resultados.**

Recuerdo leyendo el salmo primero; tengo que darle una excusa, porque la Biblia que leemos comúnmente tiene mucha poesía. La versión de la biblia de King James es difícil de leer, mientras que la NVI nos traduce algo de la poesía. Cuando yo, un lector común, lee el Salmo primero, me sentí muy confundido, sentí que no estaba entendiendo los puntos más importantes. Permítame la libertad de remover algo de la poesía que allí se encuentra:

Salmo 1:1-2a , Bienaventurado es
el hombre que decide evitar los
pensamientos de los malvados,
pero al contrario escoge los
pensamientos de Dios.   **PENSAMIENTO**

Salmo 1:2b... Él lo medita,
día y noche   **REPETICION**

Salmo 1:3a... Lo que sea que el haga,   **ACCION**

Salmo 1:3b... Prospera.   **RESULTADO**

En este momento, me estaba convenciendo cada vez mas de mi necesidad de continuar con la búsqueda de respuestas utilizando la Biblia más directamente, no llevado por una fe ciega, pero mejor aun armado con el conocimiento de El Poder Creativo.

Mi orgullo inicial al poder reconocer el poder de los pensamientos y así mismo de El Poder Creativo continuaba erosionándose a medida que continuaba leyendo la biblia. Pude reconocer el proceso de El Poder Creativo en el Salmo primero, pero fue más fácil de reconocer en Josué 1:8. El libro de Josué es uno de los libros en el Antiguo Testamento del cual yo había escuchado antes, pero del cual tengo que reconocer nunca le había prestado mucha atención. Mi proceso de aprendizaje de las verdades de la Biblia estaba realmente limitado a saber algunos versos de la Biblia, los cuales son familiares para cualquier cristiano, pero para no agrandar la imaginación de nadie, yo no podría decir que conocía la Biblia. Josué 1:8 tiene los 4 pasos del proceso sin demasiada poesía, por lo tanto es más fácil de ver sin tener que tomar tanta libertad literaria. Se lee así:

Las instrucciones de este libro
no deben salir de su boca;   **PENSAMIENTO**

Deberás repetirlas día y noche,   **REPETICION**

Deberás ser cuidadoso y hacer
todo lo escrito en el.   **ACCION**

Por ello serás próspero y tendrás
éxito en todo lo que hagas   **RESULTADO**

En ese momento, yo ya había abandonado la idea de que de alguna manera yo había descubierto o me había percatado de algo nuevo, pero más bien algo que ya era conocido por más de 4,000 años atrás. Nuevamente, yo no quiero entrar a discutir sobre el Cristianismo o de la Biblia. Lo que yo simplemente quiero es enseñarle es acerca de

La Fuerza Creadora por medio de su repetición. El hecho de que yo la haya encontrado escrita en la Biblia, solo abría la puerta a mi imaginación para seguir buscando en esa dirección.

La Biblia nos dice que los pensamientos de Dios y sus enseñanzas escritas o contenidas dentro de sus libros, son la llave para el éxito en la vida. También nos advierte que nuestra propia manera de pensar pareciera llevarnos al fracaso. Así como en el ejemplo dado por Santiago 1:13-15, Nos revela que Dios es inmune a las tentaciones y el no está tratando de tentarnos. Esto nos demuestra que nos hundimos por nuestros humanos pensamientos negativos, los cuales cuando son repetidos nos llevan a la lujuria (una de las formas de Poder Creativo), y luego al pecado (acción negativa) y finaliza con la muerte (consecuencia negativa).

De una manera más práctica, decidí observar si era cierto que aquellos que repetían las buenas enseñanzas de Dios eran más exitosos que aquellos que no lo hacían. A medida que comencé a observar la generación de mi madre y luego a mis propios hermanos, el patrón que se desarrollaba era muy claro, aquellos que fueron criados en el ceno de su familia con unas fuetes bases en la fe, fueron más exitosos que aquellos que no.

Si expandimos nuestra mirada y observamos a nuestro alrededor y vemos a aquellas familias donde los niños han seguido el estrecho y largo camino al éxito, parece haber una gran influencia de la fe en el ceno familiar. Pero cuando expandimos nuestra mirada hacia el lado opuesto del espectro, nos podemos dar cuenta de que la falta de fe, casi como una ley universal, hay muchas personas sufriendo de adiccion. En este momento es muy importante recordarle al lector, que hay una diferencia entre conocer de Dios y repetir las enseñanzas de Dios. La mayoría de los adictos con los cuales yo tengo contacto, han tenido alguna forma de entrenamiento religioso y conocen algunos versos de la Biblia, pero no entienden su significado. Me refiero a la repetición de los pensamientos que generan la fuerza que nos lleva a tener malas consecuencias. En mi experiencia, la mayoría de los adictos no siguen las enseñanzas que son dadas en la biblia. Las consecuencias de sus pensamientos parecen ser de un sufrimiento real, más bien como un infierno que ellos mismos han creado. No quisiera tener que recordarles la alta tasa de mortalidad que rodea a la drogadicción, Pero parece lógico decir que nuestros pensamientos, sin los pensamientos de Dios, parecieran llevarnos a la muerte física más rápidamente como sucede en el caso de las personas adictas.

Para poder conectarlos con mi cerebro, tiene que reconocer que hay poder en los pensamientos y de La Fuerza Creativa que yo encontré, han estado escritos en la Biblia aproximadamente por 4000 años. Yo he tenido éxito con muchas de las promesas que se encuentran en la Biblia. He descubierto que si usted repite las enseñanzas de la Biblia, resultados positivos son prometidos y experimentados. Si usted repite sus propios pensamientos (sin tener en consideración a Dios) los resultados van a ser muy pobres. Esta experiencia negativa no fue solo espiritual, pero también una experiencia física, como la adiccion y mi obesidad. No sé si usted puede observar el siguiente paso a seguir, pero en mi cerebro todo es muy claro. Voy a comenzar la disección de los pensamientos de Dios o de la Biblia para entender porque ellos parecen correctos o más bien preferibles para mi propio pensar.

CAPITULO DOCE

ALGUNOS VERSOS DE LA BIBLIA

Después de convencerme del poder de los pensamientos y de el proceso de la creación y lo que significa, El Poder Creativo, además añadiendo el simple hecho de que lo había encontrado en la biblia, era el momento y dirección para continuar con mi proceso de descubrimiento.

Me sentí atraído primero por los versos de amor. Leí primero los pensamientos relacionados con el amor en concordancia con la Biblia, por supuesto, encontré muchísimos de ellos. Si tomamos el pensamiento, "Amémonos los unos a los otros", podemos descubrir que la simplicidad de este pensamiento nos da el apropiado campo de acción. Este pensamiento no contiene limites y NO dice "Solo cuando es fácil", "Cuando son lindos", o "Si se lo merecen". El pensamiento en si no tiene límites. Esta confirmado por otras múltiples referencias tales como, "Ama a tus enemigos". Otras extensiones de este pensamiento incluyen "Servir el uno al otro".

En contraste con los pensamientos acerca del amor encontrados en la Biblia, también encontrara pensamientos advirtiéndole acerca de amarse a sí mismo y de auto preservación. Si usted comienza a tener una conversación con cualquier otra persona, se dará cuenta que todos operamos con un pensamiento claramente demasiado pequeño en el campo del Amor. El campo más pequeño, por supuesto es "A sí mismo"; Si usted funciona bajo el pensamiento, "Cada hombre por sí mismo", usted se dará cuenta que su acción será vista como egoísta. El mismo campo de acción se presentara, si la persona repite frecuentemente, "Odio a los demás" Este pensamiento en particular no permite a nadie entrar al campo de acción excepto por la persona que lo dice. Este último pensamiento en particular es muy común entre los adictos, quienes harían lo que fuese para complacerse a sí mismos, a costa de sus familias y hasta de sus propios hijos.

Un pensamiento que es muy común seria "Amo a mi familia". Este pensamiento es repetido por la mayoría de la gente en el mundo;

pero, este excluye a las personas fuera de su círculo familiar. Jesucristo habla directamente en contraste a este pensamiento, cuando él respondió una pregunta acerca de sus hermanos de sangre. Su repuesta fue, "Quien es mi hermano y quien es mi hermana"? Espero que usted pueda ver que su respuesta sirve para enfatizar el pensamiento "Amarnos los unos a los otros" No contiene excepciones. Yo no recomiendo un pensamiento sobre el otro, pero estoy aquí para advertirle que el pensamiento que usted escoja repetir va a ser el que afecte su realidad. También quiero enseñarle que entre más grande sea el campo de acción de un pensamiento, tal como "Amarnos los unos a los otros" Mas grande será el beneficio que este produzca, si el pensamiento es positivo como en el caso del amor. Recuerde que si el pensamiento es positivo, la consecuencia o el efecto será una realidad positiva, del mismo modo, si el pensamiento es negativo y entre más grande es el campo de acción, más negativas serán las consecuencias que usted sufrirá.

Cuando me di cuenta del tamaño del campo de acción que cubre el pensamiento, "Amarnos los unos a los otros" Me comencé a preguntar acerca de mi anterior forma de pensar y de lo que yo venía repitiendo desde mi infancia. Yo decidí cambiar y repetir pensamientos de hermandad y fraternidad y amor sin excepciones. No puedo decir que he conseguido amar a todos los humanos así como Jesucristo nos enseña, pero continúo progresando porque ahora intencionalmente repito ese pensamiento en particular.

Imagínese que toda su familia fue asesinada por un individuo y sus actos fueron grabados por una cámara. Pruebas de video son disponibles a medida que este individuo confiesa haber cometido los asesinatos. No hay duda alguna de su culpabilidad. Mi primera reacción es generada debido a mi pensamiento "Amo a mi familia" la cual excluye al asesino. Mis emociones serán de rabia, y mi deseo de que el muera. Efectivamente, muchos de nosotros estaremos expresando este mismo pensamiento "Nunca lo perdonare". Considerando que este es un pensamiento tan común en donde ignoramos el perdón, usted encontrara muchas personas que estén de acuerdo con su opinión.

Cada vez que usted hace una pregunta, esta se convierte en el punto de partida para muchos pensamientos y dependiendo de la respuesta; sus pensamientos determinan la dirección en la cual su cerebro se va a mover. Si alguien hiciese la pregunta, "Debería perdonar al asesino?" Cualquier otra respuesta afectara su realidad. Usted escoge su realidad por medio de los pensamientos que usted escoge repetir. Cuando yo estaba buscando respuestas en la Biblia, esta me enseñaba que debemos perdonar todo el tiempo y sin excepciones. Nuevamente, yo no estoy tratando de convencerlo de cual pensamiento debe escoger o no escoger, pero más bien quiero enseñarle que la biblia nos enseña acerca del perdón sin excepciones. Esto significa que el campo de acción de este pensamiento en particular es inmenso y así el beneficio del perdón sin límites crea una realidad que es increíblemente grande y positiva.

Por cierto, recientemente escuche la historia de un hombre viejo y muy rico quien murió en un asilo de ancianos. El nunca tuvo visitantes. Toda su fortuna se la dejo a un refugio para animales. No se las dejo a sus hijos, porque el siempre estuvo enojado con ellos por algo que había sucedido en el pasado. Su incapacidad de perdonar le causo una consecuencia negativa y su realidad fue llenada solo por la soledad. Bien o mal? Usted sea el juez, pero recuerde que todos los pensamientos que usted repite se convierten en su realidad. Usted es el amo y señor de sus pensamientos y por lo tanto el creador de su realidad.

Debo admitir que cada vez me convencía más y más, que las enseñanzas de la biblia eran definitivamente más positivos que los pensamientos con los cuales yo crecí. Yo tuve, como muchos de ustedes una mezcla de pensamientos y muchos de ellos con origen incierto, porque ellos contrastaban con los que yo estaba leyendo en la Biblia.

Uno de los pensamientos de los cuales yo tenía directo conocimiento era "Soy muy gordo". Yo recuerdo que a la edad de 25 años, cuando estaba estudiando medicina pensaba que yo era gordo aunque pesaba únicamente 134 libras. 20 años más tarde después de repetir este pensamiento, recibí las consecuencias. Me sentía muy miserable porque tenía 240 libras y sin esperanzas en el futuro. Yo empecé a experimentar con pensamientos y con la repetición del pensamiento opuesto, "Me veo muy bien". Después de obtener el éxito yo perdí casi 100 libras. Debido al hecho de que yo estaba comparando mis pensamientos con las enseñanzas de la biblia, yo decidí confirmar el pensamiento "Me veo muy bien". Un verso que yo encontré fue el Salmo 130:14. Dependiendo en la versión y traducción que se utilice usted encontrara algo muy similar a mi interpretación, (yo te adoro porque me veo perfecto y yo lo sé). Cuando usted compara el pensamiento "Me Veo muy bien" y el pensamiento "Soy perfecto", el ultimo pensamiento tiene un campo de acción más amplio porque remueve todas las posibilidades de manchas o imperfecciones. Como este es un pensamiento positivo y tiene un campo de acción más grande, el benéfico va a ser más grande cuando se repite por mucho tiempo, creando una realidad más perfecta. Por supuesto la consecuencia lógica que ocurrió fue que yo reemplace mi manera de pensar con el que la Biblia esta predicando.

Yo encontré un verso muy interesante que me hizo cambiar mi manera de pensar aun más. Yo lo encontré en la primera carta a los Corintios capitulo 1:24. En este verso San Pablo está tratando de explicar la magnitud del regalo llamado Cristo. Este verso dice, "Cristo es el poder de Dios y la sabiduría de Dios". San Pablo continua enseñando que el pensamiento humano es muy simple. Yo decidí tomar este punto de información y lo introduje a otro verso que la mayoría de los cristianos conocen pero no repiten. En el libro de Filipenses 4:13 dice, "Yo puedo hacer todo con Cristo que me da el poder" Tengo que decir que la imagen que sugiere es que yo recibo la habilidad de hacer todo sin límites, porque estoy conectado a Cristo. La idea que se desarrolla en el cerebro es una idea de equipo, que ayuda cuando lo necesitamos. Porque yo no he repetido este pensamiento frecuentemente, yo tengo que resolver los problemas de mi vida con mis propios esfuerzos con ayuda ocasionalmente y casi que por magia, haciendo la presencia de Dios intermitente. Sin embargo, cuando yo repito Filipenses 4:13, la presencia y asistencia de Dios en mi vida es constante. La diferencia se explica debido al número de veces que yo repito el pensamiento o mejor dicho mi persistencia en repetir este pensamiento. Quiero que recuerde siempre que la meta de este libro es enseñarles como pensar y por lo tanto cualquier diferencia teológica entre usted y yo se asume que ha sido perdonada desde el principio.

Yo decidí observar que pasaría si yo escribo este verso de una manera más fácil de entender, yo hago referencia al el verso de Filipenses 4:13. Yo escribí "Yo puedo hacer todo porque yo tengo el poder y la sabiduría de Dios". Mi cerebro puede visualizar este concepto mucho más fácilmente. Una vez que yo acepte que Dios quiere darnos su sabiduría y su poder, sentí que la repetición iba a ser más fácil. La repetición de este pensamiento dio luz a la motivación de eliminar todos los límites autoimpuestos en mi vida. Este nuevo concepto es definitivamente nuevo cuando yo lo comparo con las ideas con las cuales yo había crecido. La mayoría de nosotros cuando estamos creciendo se nos inspira a matar y destruir demonios, hechos de preocupación y miedo. Algunos de nosotros tenemos más éxito dependiendo de cuantos demonios podemos matar. Con la repetición intensa de esta nueva manera de pensar, que yo tengo el poder de Dios, mi habilidad para destruir demonios no tiene fin. Ahora yo soy un conquistador sin temores, sin importar en qué situación me encuentre. Mi realidad es una realidad llena de paz mental porque ya tengo el entendimiento de que soy capaz de solucionar cualquier problema que se me presente; yo estoy listo "Sin excepciones".

Un ejemplo extremo en esta área de pensar es lo que yo encuentro cuando trato de ayudar a personas adictas. La persona adicta usualmente repite pensamientos como "Yo no puedo hacer nada" o "No hay esperanzas para mí". Después de muchas repeticiones de cualquiera de estos pensamientos, el adicto se encuentra sin la posibilidad de actuar de una manera positiva. El adicto entra en un ciclo de destrucción rodeado por depresión y que no son capaces de superar. Cuando usted piensa en termino del campo de acción, que pueden hacer? La respuesta seria nada o cero, porque el pensamiento se ha convertido en su realidad.

La mayoría de nosotros funcionamos en un punto entre "Yo no puedo hacer nada" Y "Yo puedo hacer todo". La mayoría de nosotros pensamos que hay cosas que podemos hacer y otras que no podemos hacer. Esa es la posición tomada cuando se repite la Oración de la Serenidad. Cuando pensamos en términos del campo de acción, que puedo hacer, La Oración de la Serenidad impone límites en su respuesta. Aunque la Oración de la Serenidad permite mas acción que lo que el adicto había sido capaz de hacer cuando el adicto repetía "No puedo hacer nada".

Quiero hacer énfasis que este libro que es dedicado a entrenarle como pensar correctamente. Entonces, por lo tanto de esta manera es que debe pensar cuando esta escogiendo un pensamiento. Si el pensamiento es positivo, escoja el pensamiento que tiene el campo de acción más amplio, "Yo puedo hacer todo", pero cuando el pensamiento es negativo, escoge el pensamiento que tenga el campo de acción más pequeño. Yo llegue a la conclusión de que los pensamientos que yo había analizado en la Biblia, eran pensamientos positivos con un campo de acción muy amplio y por lo tanto yo empecé a cambiar mi manera de pensar en esa dirección. Yo le recomiendo que usted haga lo mismo.

CAPITULO TRECE

EL CREADOR

Una vez estaba enseñando mis clase del proceso de los pensamientos a un grupo de adictos, me di cuenta que una de las cosas más difíciles para ellos como grupo, es la de aceptar la existencia de Dios, el creador. Efectivamente, uno de los primeros pasos a tomar en el camino a la recuperación de la adición, es la aceptación de que existe un poder superior que es más grande que cualquier problema. Cuando enseño mis clases, me gusta que los participantes hagan preguntas hasta que puedan entender el proceso de la creación del Poder Creativo. En este momento usted ya debe ser capaz de recitar fácilmente los pasos: **PENSAMIENTO, REPETICION, ACCION Y RESULTADOS**. Lo más lindo de esta energía es su habilidad para materializarse a sí misma en nuestra realidad. En una ocasión, uno de los adictos decidió preguntarme, y que respondiera desde mi punto de vista como médico, Si yo creía que los humanos habían sido creados o si habíamos evolucionado como lo explica la teoría de la evolución.

Mi respuesta fue inmediata: "Nosotros fuimos creados" y su respuesta fue: "Demuéstremelo". Recuerdo que comencé a mirar alrededor del salón y fije mi mirada en una joven adolescente. Y le dije "Mire a esta joven". La persona que estaba haciendo la pregunta la miro. Mi respuesta fue "Ella es el resultado del Poder Creativo". Yo continúe, "Cuando su padre miro a su madre y él se dijo a sí mismo en su pensamientos, "ella está muy bella", y ya sabe el resto de la historia. Luego me dirigí hacia la persona que me había hecho la pregunta y dije "Usted cree que ella (la joven adicta)comenzó como un pensamiento"? Su respuesta fue "Si, en la mente de su padre".

Es inevitable que cuando la gente piensa acerca de sus propios orígenes, se dan cuenta que todos nosotros fuimos creados por un pensamiento, aun cuando este pensamiento nos decía "Nada va a suceder". Este no es el final de la historia. De hecho, este es todo lo contrario. Es solo el comienzo. Si nosotros regresáramos en el tiempo, generación tras generación, y regresamos hasta el origen del primer hombre y la primera mujer, ellos dos tuvieron un pensamiento en común. Ese pensamiento nos llevo a la procreación.

La Biblia nos dice que nosotros fuimos creados por Dios y dentro de los cristianos aun hay fuertes divisiones debido a las diferentes clases de interpretaciones y posiciones que cada uno toma frente al tema. Otras personas podrán tener diferentes opiniones pero todas estas discusiones son en realidad muy insignificantes en nuestra vida diaria. Lo que en realidad es importante en nuestra vida diaria son los pensamientos que repetimos, puesto que estos son los que van a determinar la realidad que nosotros vamos a experimentar. Muchas divisiones ocurren porque todos tenemos diferentes opiniones en este tema. Como Medico, yo tengo la dicha de disfrutar de los dos puntos de vista y al ver las discusiones que cada uno de los dos lados argumenta, yo simplemente disfruto al ver los dos lados tratando de convencer el uno al otro sin éxito. Me imagino que en 2000 mi años más, todavía habrá gente discutiendo el temas hasta más no poder.

Si usted pertenece a los que creen en la teoría de la evolución y cree que venimos de los simios, usted estaría de acuerdo con que El Poder Creativo requirió de un pensador para la creación de los simios. Si usted prefiere dar un paso atrás y creer que alguna otra fuerza o poder ejerció presión sobre algo que ya existía previamente y lo convirtió en vida, que fuerza o poder fue esta? La fuerza que causo que algunos de estos átomos y moléculas se transformaran en un forma de vida unicelular, seguidas por formas multicelulares, luego transformándose en peses y anfibios, luego reptiles y pájaros, seguidos por mamíferos y finalmente por humanos. Yo se que una fuerza o una forma de energía fue requerida para que todos estos cambios se llevaran a cabo. Cual fue esa fuerza? Muy seguramente aquellos que creen en la evolución no lo saben y posiblemente nunca lo sabrán. Pero aun ellos querrán que yo acepte esta teoría como un hecho incluso cuando ellos mismos no le encuentran explicación. Yo no tengo absolutamente ningún problema en creer que una fuerza o poder fue la que dio origen a todos los pasos para la creación y yo llamo a esta fuente de poder, El creador.

Vamos a asumir por el bienestar de nuestro debate, que nos regresamos en el tiempo a un nanosegundo antes de La Gran Explosión. Detenemos el tiempo y preguntamos, "Que había allí para explotar antes de la gran explosión"? Que ocasionó la gran explosión? Nuevamente, los evolucionistas responderán, "No sabemos", Pero el Poder de la

Fuerza Creativa nos predice la presencia de un pensador el cual por medio de la repetición hizo que fuera posible que algo "Explotara". El Poder Creativo no puede explicarle que "Exploto", pero si usted asume que algo hizo "Explosión", allí había un pensador que estaba repitiendo en sus pensamientos que crearía una "Explosión" en ese instante. Este libro no es sobre la creación vs. La evolución: Este libro es acerca de la manera de pensar. Desde el principio de mis experimentaciones con los pensamientos algo se hizo muy claro para mí; la necesidad de un pensador para producir un poder o una fuerza. Sin importar si creemos en la creación o en la evolución, una fuerza o poder tuvo que haber sido generada para así crear el cambio. Mientras que aquellos que creen en la evolución fallaron en describir la fuerza creada, la Biblia en cambio nos dice que Dios nos hablo. Este acto aparentemente insignificante, se convierte el algo gigantesco cuando usted se da cuenta que a medida que usted acepta a Cristo, el poder de Dios y su infinita sabiduría, nosotros también recibimos el mismo poder de crear por medio de la palabra. Aun cuando yo enseño que yo el creador debo repetir el pensamiento y que mi cerebro únicamente oye mi voz, tengo que admitir que el mudo tanto como el sordo tiene el poder de crear; en referencia a la palabra expresada, simplemente representa una forma de la unidad del Poder Creativo, pero la unidad de esta energía continua siendo el pensamiento.

En mis ejercicios con el pensamiento yo he intentado hablar sin pensar y siempre he fallado. Lo opuesto si es cierto de que puedo tener pensamientos sin hablar o actuar en dicho momento. Tengo que advertirle que aun si usted no lo habla la energía del pensamiento se acumula y causa el efecto o acción que completaría dicho pensamiento. En caso de los seres humanos, parece lógico pensar que la función humana de pensar requiere conexión entre el cerebro y el corazón. Parece lógico que cuando hablamos estamos usando el Poder Creativo; estamos repitiendo un pensamiento que ya ha estado en nuestro cerebro. Hablando estamos generando el Poder Creativo y por lo tanto la palabra se convierte en la herramienta de la creación.

Estudiando la Biblia he podido encontrar muchas referencias a un Creador que tiene el poder de crear simplemente hablando, de forma muy similar a lo que yo descubrí que nosotros podemos hacer. Con la repetición de los pensamientos nos convertimos en creadores independientes del creador que la Biblia describe. No quiero decir que tenemos la misma cantidad de poder que Dios, pero tenemos un poder similar pero mucho más débil. Este punto no es difícil de observar en nuestras vidas, porque aun si uno cree o no cree en Dios, nosotros hemos estado creando cosas buenas y cosas malas con nuestros pensamientos y palabras seguidos por nuestras acciones. Nosotros mismos somos los autores, creadores de nuestra propia realidad porque nadie nos está forzando a repetir un pensamiento en particular. Nosotros, tenemos el libre albedrio cuando escogemos que pensamientos repetimos. Hasta hace poco tiempo puede que usted no haya estado consiente que sus pensamientos negativos tenían consecuencias y que sus pensamientos positivos hacían lo mismo. Ahora usted, el pensador ya sabe y debe darse por advertido.

Quiero añadir un pensamiento final a este capítulo que he dedicado al Creador. Hay ocasiones en la cuales queremos animar a alguien. Para aquellos de nosotros que creemos en la Biblia y en Dios, hacemos referencia a la frase "Con Dios todo es posible". La intención de este verso es la de inspirar a la persona que la está escuchando a darse cuenta que existe una solución a un problema que parece imposible de resolver. Como este bello verso no es creído o repetido frecuentemente, la persona que lo escucha asume que Dios le va a resolver el problema. Frecuentemente usted escucha que todo está en las manos de Dios.

Quiero aclarar este pensamiento o verso porque es muy malinterpretado. Si lo analizamos utilizando el Poder Creativo, nos damos cuenta, que este pensamiento NO dice "Para Dios todo es posible" que es la actitud tomada por muchas personas. Este verso claramente nos dice CON. Este verso demanda la participación entre el Dios creador y el creador humano. Este proceso no es un proceso independiente de Dios o del creador humano. La repetición de este verso abre nuestra mente a muchas posibilidades que no hemos comenzado a visualizar. Yo encontré la conexión o al menos la descripción de la cooperación requerida para que este pensamiento se convierta en realidad. En el libro de Proverbios capitulo 16;9 nos enseña que el creador humano determina la meta (el pensamiento original o dirección) y el Dios creador nos revela los paso necesarios para obtener esta meta.

En el pasado yo había enseñado que el pensamiento en si mismo nos revela los pasos necesarios que se deben tomar para completar el pensamiento. Creo que las dos versiones son correctas, pero la última versión tiene un campo de acción mucho más grande. En varias ocasiones cuando me encuentro enseñando, me preguntan si Dios es pensamiento o si el pensamiento es Dios? La respuesta final es: Ninguno de los dos. Porque yo tengo la habilidad de crear pensamientos positivos y negativos, el Dios de la Biblia es el origen únicamente de pensamientos positivos y perfectos exclusivamente. Finalmente, Que son pensamientos perfectos? Un pensamiento perfecto es un pensamiento positivo que tiene un amplio campo de acción y un tiempo de duración eterno. Lo interesante es que continúo encontrado muchos de estos pensamientos en la Biblia.

CAPITULO CATORCE

QUE ME DICE LA BIBLIA

Mi interés por las enseñanzas encontradas en la Biblia se fue incrementando, debido a que cada vez más me daba cuenta de la calidad de los pensamientos y de las enseñanzas que allí se encuentran. Entonces decidí investigar más profundamente para ver qué más podía aprender y que cosas podría sacar de allí para utilizar en mis enseñanzas del Poder Creativo. El Poder Creativo requiere de la presencia de un Creador o Pensador, por consiguiente, para mí no es difícil de aceptar la palabra "Dios". Si usted creció en medio de un ambiente científico y además cree en la existencia de la teoría de "La gran explosión", usted también debe admitir que antes de la gran explosión, debió haber "Algo" que exploto y una fuerza que causo el cambio de forma antes de la explosión hasta el momento en el cual ocurrió la explosión. Los que creen en "La gran explosión" deben aceptar la presencia de que algo existía antes de la explosión y también de la existencia de la fuerza creadora de ese cambio. Las palabras que usted utilice para describir ese "Algo" van a ser realmente insignificantes. Yo hice la paz con los dos lados, cuando comencé a utilizar las palabras Creador o Fuente.. Usted puede utilizar cualquiera de los nombres que se encuentran en la Biblia. No es claro de inmediato entender porque Dios se describe a sí mismo como "El gran yo soy". Mucha más investigación se debe hacer para entender esto.

El gran libro, como la Biblia es llamada en AA, comienza con una descripción de como el Creador, creo todo. El nos habla indicándonos como fue hecho en vez de que fue hecho. Me parece divertido ver que el orden de la creación es paralelo con el de la evolución y la descripción de la creación en la Biblia. Seguidamente el Creador procedió a crear al hombre y a la mujer para su propio deleite. En esta narración, la Biblia describe estos dos eventos por separado. Cuando relacionamos esto con nuestro futuro, la rama de la evolución y la rama de la creación parecen estar bloqueados en el mismo resultado final. El resultado final para la rama de la creación es la destrucción total de la tierra. Esa predicción es muy similar a lo que la rama de la evolución especula que es lo va a suceder con nuestro cambiante planeta. La siguiente parte de la historia ocurre en el Jardín del Edén donde había dos árboles. El árbol de la vida y el árbol del conocimiento. Nosotros comimos del árbol del conocimiento, o árbol del bien y el mal, comenzando así la disputa entre la sabiduría de Dios y el conocimiento de los hombres. En ese mismo momento apareció la separación entre los pensamientos del hombre y los pensamientos de Dios. Cuando nos confiamos solo en el conocimiento, nos volvemos orgullosos, pero luego no tardamos en ver las consecuencias, mientras tanto Dios quiere que confiemos en la sabiduría, en Su sabiduría.

Una pregunta muy importante sobre la cual debemos reflexionar en este momento, es el hecho de que el conocimiento nos ayuda a lidiar con nuestro verde planeta mientras que la sabiduría de Dios va mucho más allá de este mundo. A medida que los humanos comenzaron a poblar este planeta, pareciese que la sabiduría del hombre no fue suficiente para mantenernos sin problemas. Para ayudarnos Dios nos dio a través del tiempo a líderes, pasando por reyes, jueces y profetas. Aun más, nos dio leyes para ayudarnos a entender las limitaciones del conocimiento. Tengo que admitir que algunos de los libros de la Biblia son muy confusos al comienzo, pero todas las historias cuentan a lo que el creador nos tenía destinados desde el comienzo. Un claro ejemplo es Abraham, a quien su fe le trajo recompensas. Hay más ejemplos, pero son muchos para mencionar en este libro.

La ley de Dios fue escrita para ayudar a los humanos a entender los problemas con el conocimiento. Entretanto Dios nos sigue mostrando el poder del pensamiento y cuales pensamientos repetir. Como por ejemplo en el libro de Joel, Dios quiere que los débiles digan "Yo soy fuerte". "El Poder Creativo" fue descrito en el primer capítulo de Josué 1:8 y en el salmo número 1. Asumo que si seguimos investigando más profundamente encontraremos más y más referencias a este aspecto.

En el antiguo testamento, Dios sigue constantemente dándole instrucciones al hombre para que confíe en El. En efecto, la descripción de nuestro futuro es muy clara. El plan de Dios para nosotros es de cuidarnos del peligro y hacernos prósperos. Una de las cosas que encuentro muy poderosas, es el simple hecho de que Dios nunca se rinde ante su relación con el ser humano, a pesar de la forma en que lo tratamos. Se hace muy claro que los hombres bajo la ley, son incapaces de complacer a Dios el 100% del tiempo.

Después de nuestros fracasos intentando vivir una vida perfecta, se hace muy obvia e importante la necesidad de una salvación y un salvador. El ser humano comienza a pedir un salvador. Para los que usamos el conocimiento y los demás habitantes de la tierra, confiamos en la llegada de un salvador en términos humanos. Un general poderoso capaz de destruir grandes enemigos. La respuesta de Dios no es la de satisfacer el conocimiento, pero al contrario es la de restaurar nuestra relación con él. El nos hace un pacto de gracia. Recibiremos gracia ante nuestras ofensas si aceptamos la sabiduría de Dios y su poder. También conocido como el recibir a Cristo. La historia debe ser contada para los humanos en términos humanos para poder ser entendida. En vez de un general poderoso, el salvador es humilde, es un manso sirviente exactamente opuesto a lo que el conocimiento nos indica. Nuevamente, el punto es que Cristo nos quiere ofrecer una mirada a algo que va mas allá de lo terrenal, como por ejemplo el reino de Dios y el cielo. Esto no puede ser logrado solo con el uso del conocimiento, pero pueden ser fácilmente obtenidas con la sabiduría de Dios. Es muy importante entender que El Poder Creativo puede ser utilizado para obtener sabiduría y conocimiento al mismo tiempo. Usted es quien decide.

El Nuevo Testamento nos muestra claramente que la ley de Dios se cumple y que es necesario buscar una nueva alianza. Entramos en un nuevo pacto de gracias. Los temas generales del Antiguo Testamento continúan en el Nuevo Testamento, allí se nos muestran las consecuencias de llevar una vida sin preocuparnos por las cosas de Dios. El Nuevo Testamento también nos enseña los beneficios de seguir a Dios. Nos enseña las bondades de olvidar el pasado y asegurar nuestro futuro.

Hay un punto en el cual me gustaría enfatizar, las tentaciones de Cristo antes de comenzar su ministerio público. En una ocasión en particular, se dice que el demonio, le ofreció a Jesucristo las tres tentaciones. El deseo de fama y poder; fortuna y poder, y los simples placeres humanos, como la comida y las comodidades. Estas cosas son las que los hombres obtendrían por sus esfuerzos y por sus conocimientos. Estas tentaciones que sufrió Cristo no son diferentes a las que nosotros los humanos sufrimos aquí en la tierra. Somos especialmente vulnerables a ellas si no estamos conectados con Dios; La Biblia también enfatiza que es mejor buscar las cosas de Dios; Fe, sabiduría, y amor, la más importante siendo el amor. De interés personal, encuentro que las instrucciones de vida que Dios nos dio, están limitadas a las relaciones de los seres humanos, pero no incluyen el medio ambiente o los animales inferiores. Sería prudente asumir que esas instrucciones para el cuidado y la atención de los animales y el medio ambiente son a consecuencia del conocimiento de los seres humanos.

La Biblia nos enseña la idea de un reino, el reino de Dios, que parece estar paralelo con el mundo terrenal. La Biblia también nos urge a buscar el reino de Dios y que si lo buscamos lo recibiremos. Ya que este reino no es terrenal, debemos buscar con nuestros corazones, el origen de nuestros pensamientos. Este reino de Dios es obtenido por medio de la gracia, por lo tanto debemos eliminar la presunción de la necesidad de hacer esfuerzos humanos y de sus estatus. Este es un regalo gratis para nosotros, pero en realidad no fue gratis. Ya fue pagado por el mismo Dios.

En el momento que aceptamos este regalo de nuestro señor, somos considerados hijos de Dios: nacemos nuevamente. La biblia nos enseña que esto es dado por medio de la renovación de nuestra mente, el control de nuestros pensamientos para cambiarlos a lo que Dios nos ha enseñado a pensar.

En adición al reino de Dios, La Biblia les enseña a los lectores un destino final en donde nos encontraremos con el Creador. El termino cielo es por medio del cual se nos describe el lugar donde será este encuentro. La Biblia también nos advierte sobre la dirección en la cual nuestros pensamientos serán considerados perdidos, si no están dirigidos hacia Dios. Esto no significa que sufriremos si estudiamos desde el punto de vista humano. Es posible tener una razonable y exitosa existencia humana, con la diferencia de que nunca alcanzaremos los cielos al no estar conectador con Dios. De esta manera, la única forma de estar conectados con el Dios de la Biblia es por medio de la aceptación de Jesucristo. El lector, el pensador deberá tomar una decisión sobre su pensamiento y repetirlo para que este se convierta en su realidad.

Antes de cerrar este capítulo, siento la necesidad de aclarar que la intención de este capítulo y el de este libro, no es el de convertirlo a mi manera de pensar, pero el de mostrarle mi camino hacia el entendimiento de los pensamientos. No soy un erudito de la Biblia, pero aun así me siento lo suficientemente cómodo, para repetirle con certeza y comunicarle lo que he leído en esta maravillosa fuente de pensamientos.

CAPITULO QUINCE

PECADOR VS SANTO

Este es un buen lugar para recordarle a todos, del trabajo que aun se necesita hacer. Vaya de regreso y lea nuevamente el capitulo uno y asegúrese de continuar haciendo todo lo que usted necesite hacer. De lo contrario, usted no sentirá la energía por El Poder Creativo. Si se falla al hacer todo el trabajo y solo se lee el libro, usted solo habrá adquirido el conocimiento y el conocimiento no tiene valor para cambiarle sus hábitos y por consiguiente su realidad. Usted deberá utilizar El Poder Creativo para de esta manera poder cambiar su realidad. El Poder Creativo comienza y se mantiene por medio de la repetición de los pensamientos específicos.

A medida que continuaba experimentando con los pensamientos, me encontré con uno que me molestaba de sobremanera, "Soy un pecador". Este era verdad, ya que era el que yo personalmente había estado repitiendo por muchos años. Recuerde, el proceso creativo que genera El Poder Creativo: **Pensamiento** (imagen en su cabeza), **repetición** (las palabras), **acción** (sus decisiones), y el **resultado** (su realidad). Decidí ponerlos a prueba. Qué pasa si yo continuo repitiendo "Soy un pecador". Rápidamente me di cuenta claramente que al repetir este pensamiento, este generaba un sinnúmero de ideas, casi todas ellas claramente no tan buenas. Mi cerebro me presento algunas ideas para realizar y como lo predice la LEY CÁRDENAS, sentí la atracción de hacer las cosas que no eran tan buenas. Las opciones por las cuales me sentía atraído me hacían dar mucho placer, físicamente hablando. Y si asumimos que yo seguí estas cosas, que por cierto, yo ya las hice en el pasado, me dejaron con una sensación de vacío, en vez de obtener el placer prometido. Uno podría llamar esta acciones PECADOS, si es que estamos utilizando a Dios como punto de referencia. Estas acciones me dejaron con un deseo por más. No experimenté ninguna satisfacción. La mejor manera de describirlo es que me convertí en un pecador. El ser pecador es el tener la actitud de "Nada me importa". Otro adjetivo que se pudiese utilizar, sería el de ser "Egoísta". Pero definitivamente no es una imagen respetable o saludable. La consecuencia de repetir "Soy un pecador "fue que se desarrollo una actitud aun más y más egoísta, hasta el punto de excluir a todo aquel que no me sirviera para cumplir mi meta. La Biblia se refiere a este estado como el de la muerte, era una muerte espiritual.

Este pensamiento "Soy pecador" es muy similar al de "No sirvo para nada" o "Hay algo mal en mi", eso es lo que escucho de mis pacientes adictos a las drogas. La consecuencia final de los pensamientos de los adictos, después de caminar por algo muy parecido al infierno en la tierra, es la muerte física, la muerte por sobredosis o por enfermedades causadas por la repetición de pensamientos destructivos.

El siguiente paso en trabajar con este pensamiento fue ir a la pregunta original. La pregunta que deber respondida correctamente es "Quien soy yo"?. Usted puede tener tantas respuestas como usted desee. Usted puede contestar "Soy un pecador", "Soy un santo", "Yo estoy bien", "Soy un ser humano", etc. Yo decidí ir a la Biblia; estudiar lo que la Biblia dice sobre el tema y como ella me ayudaría a entender mi verdadera naturaleza.

Desde mi infancia estaba muy familiarizado con muchas de las historias de la Biblia. Una de las afirmaciones que me molestaban más desde que era un pequeño niño, era la afirmación de que Dios había advertido a Adán y a Eva que si comían de los frutos del árbol del conocimiento, "Morirían de seguro". Lo mismo ocurriría si se repetía, "Soy un pecador". Este es un punto muy poderoso, al ver que las enseñanzas o pensamientos de la Biblia son muy consistentes de principio a fin. Como comentario aparte, debo decir que esto hace a la Biblia más y más poderosa al saber que fue escrita sobre un periodo de miles de años atrás, y aun persiste consistente en sus historias y en las consecuencias físicas de lo que nos enseña.

Sabia del verso de Romanos 3:23 que dice que todos nosotros (sin acepciones) hemos pecado y no hemos alcanzado los estándares que Dios nos dejo. Hasta este momento para mi, había un problema y no tenia solución para este pensamiento "Soy pecador". Conocía de Juan 3:16 este dice que todo aquel que cree en Cristo no morirá y tendrá vida eterna. Nuevamente, me sentí atraído por esas palabras "Muerte" y "Vida eterna". Personalmente, pensé que esta era una linda solución a un problema insuperable con el cual había tenido que lidiar. Por muchos años, tuve la imagen de un hombre llamado Jesucristo.

Muchas personas me enseñaron desde pequeño que él había muerto porque yo no había sido un buen niño. Tal vez pensaron que este sacrificio supuestamente me haría sentir mejor, pero en realidad no. Me hizo sentir peor, porque ahora le estaba añadiendo el pensamiento "Soy un pecador", Y comencé a repetir , "Soy culpable de que el muriera". El resultado fue que yo sintiera un sentimiento de inseguridad y el no poder diferenciar lo correcto de lo incorrecto. Literalmente, pase de tener más o menos confianza en mí mismo a NO tener confianza en lo absoluto. Culpabilidad era el término que mejor describía mi estado mental. Yo sabía que no solo por mi comportamiento yo era un pecador, también le añadí el hecho de que Cristo había muerto por mis pecados. Todo esto solo añadió más sentido de culpabilidad a los sentimientos con los cuales crecí. Mi forma de lidiar con estos sentimientos de culpabilidad, fue la de evitar todo lo que estuviera relacionado con Dios porque mis sentimientos de culpa me hicieron revivir mis imperfecciones.

Más adelante, cuando ya era un adulto me sentía muy inteligente; comencé a ir a una iglesia donde se enseñaba mas sobre el poder del pecado, que del poder de la gracias de Dios. Esto me llevo a pensar en mi inevitable viaje hacia el infierno. Una situación muy similar sucedió cuando yo me encontré siendo el Doctor gordo, diciéndoles a mis pacientes que tenía que perder peso. Este parecía ser un panorama muy desalentador y sin esperanzas. Asumo que me sentí muy parecido a los adictos a las drogas.

Tiempo después estaba leyendo la Biblia y trabajando en mis pensamientos, cuando me encontré con uno de los mejores pensamientos que probablemente se haya escrito, aun así siendo muy oscuro para las personas comunes como yo. En el primer libro de Corintios, Pablo explica el significado de Cristo. "Cristo es el poder y la sabiduría de Dios". Entonces me ilumine. Quiero que me siga a través de este proceso para que no se pierda en el camino. Inicialmente en el Jardín del Edén, no éramos pecadores, pero comimos del árbol del conocimiento. El poder diferenciar entre lo correcto y lo incorrecto no nos previno de convertirnos en pecadores sin esperanza. Para poder solucionar este problema, el Creador inicialmente nos dio las leyes y luego nos envió a Cristo (su poder y su sabiduría) a intercambio de mi lealtad. Los seres humanos son la causa del problema. A medida que aceptamos a Cristo, si yo(o cualquier persona) uso Su sabiduría y Su poder, puedo recibir la vida eterna, un resultado claramente muy diferente. Deberá estar de acuerdo en que suena muy tentador, pero mi mente se dedico a pensar. En vez de aceptar que esto era blanco y negro, decidí poderlo a prueba.

Todos los profesores que me enseñaron acerca de la Biblia, me dijeron que la aceptación de la sabiduría y el poder de Dios(Cristo) me hacia renacer en un nuevo ser; diferente de mi ser anterior. La expresión más común es la de renacer nuevamente. Teniendo en cuenta esto, retome la Biblia nuevamente para mirar, que si yo aceptaba a Cristo en mí, como me debería llamar a mi mismo? Me debería llamar pecador a mi mismo o algo diferente. En el Nuevo Testamento encontré múltiples referencias donde se les llama Santos a lo que creen por primera vez. Pablo escribe, "A los Santos de Roma". Sabiendo que el término Santo es opuesto al de pecador, decidí ponerlo a prueba utilizando el proceso creativo. Qué pasaría si yo comenzara a repetir el pensamiento "Soy un Santo" en vez de "Soy un pecador". Desde el primer momento me di cuenta que este nuevo pensamiento va a crear un nuevo resultado, "Yo soy un Santo porque acepte la sabiduría y el poder de Dios", la imagen que se creó inicialmente en su cabeza es muy diferente a la imagen de un pecador. Si usted continúa repitiendo este pensamiento, la energía creada va a ser una energía positiva, haciendo que usted se convierta en una persona cada vez más sabia, bondadosa y tomando mejores decisiones las cuales crean un mejor resultado.

Recuerde que Cristo significa el poder de Dios y la sabiduría de Dios. Yo lo hice cuando comencé a repetir ese pensamiento. Comencé a tener una gran seguridad como nunca antes lo había sentido. Me sentí súper confidente para enseñar el proceso creativo y hablar de El Poder Creativo. Continúe estudiando los pensamientos y encontré en la Biblia, esta maravilla y me preguntaba quien más habría podido unir todos estos libros en una forma tan perfecta. De principio a fin, se muestra consistente a medida que nos cuanta claramente la historia de la humanidad. Era como si hubiese sido escrita para mí y mi recorrido. Es mi historia personal y mi lucha. Es mi camino y me marca claramente mi destino. Sentí que mi destino era el de enseñar El Poder Creativo. Por consiguiente enseñar a mis amigos los adictos se convirtió en una alegría y un placer; más que en un trabajo y una dificultad.

Como regla general, todos los adictos saben de Dios, pero ellos tienen sus propias ideas acerca de Dios, sin diferenciarse mucho de las que nosotros también tenemos. Todos nos hacemos ideas de quien puede ser Dios. Me he dado cuenta que para mucha gente es difícil cambiar su forma de pensar. La mayoría de los adictos han estado actuando acorde a sus pensamientos, obteniendo resultados terribles. El segundo paso en el programa de 12 pasos, es aceptar la existencia de un poder protector al que nos referimos como al Poder Superior o PS. También he descubierto que muchos de los adictos se sienten ofendidos al pronunciar la palabra "Dios". Mi trabajo es verdaderamente muy simple; estoy obligado a enseñarles que sus pensamientos tienen poder y que la repetición de esos pensamientos les ha traído consecuencias. La solución es más bien rápida y simple. Todo lo que tienen que hacer es dejar de usar sus propios pensamientos y comenzar a utilizar los pensamientos que el Poder Superior, PS les da. Personalmente, yo no me siento ofendido por el hecho de que ellos no se llamen a sí mismos cristianos. Yo simplemente les enseño que sus pensamientos tienen consecuencias y aparentemente eso es lo que Dios quiere que yo continúe haciendo. A medida que sigo entendiendo los pensamientos de la gente adicta, veo cada vez más claro que Dios me ha retado a preparar sus mentes para aprender las buenas nuevas, lo que solamente la Biblia nos puede enseñar.

En muchas oportunidades, cuando utilizo el ejemplo del pecador vs santo, muchos de mis amigos adictos se retiran de la clase puesto que encuentran ofensiva la idea de llamarse a sí mismos "Santos". Lo cual me lleva a un importante grupo de pensamientos que todos pareciéramos poseer y que nos afectan en nuestras vidas diariamente. Dependiendo de la forma en que usted responda las preguntas que originan sus pensamientos, Dios, tendrá una imagen diferente en su cabeza. Personalmente, yo llamo a Dios, el Creador o mi fuente. Quiero reiterar, el nombre que usted le dé a Dios no es de mucha importancia como la imagen que usted se cree en su cabeza de Él. Algunas de las preguntas para reflexionar son: Dios tiene en control todo el tiempo? Es Dios un dictador exigente y mezquino? Es Dios un padre amoroso y protector? Dios me va a proveer en mis necesidades, en mis deseos del corazón? Dios responde todas mis oraciones o solamente las que el escoge? Puedo confiar en que Dios me de todo lo que me ha prometido?

En este punto de mi recorrido personal, finalmente estaba

comenzando a comprender las enseñanzas de la Biblia a un nivel muy profundo, pero también tengo que decir honestamente que aun tenía muchos vacíos en mi conocimiento. Cuando uno mira el sufrimiento de los humanos, uno no puede dejar de preguntarse como un Dios amoroso y protector, permite que ocurra el sufrimiento? Porque mueren los niños? Dios se da cuenta de sus muertes? Dios decidió no hacer nada por ellos? Porque hay dos millones de niños que son abortados anualmente en los Estados Unidos? Porque hay seis millones de muertes anualmente en el mundo debido a las hambrunas? Como decidamos contestar estas preguntas, es cómo vamos a crear la imagen de Dios en nuestras cabezas y cómo vamos a repetir esta imagen (un pensamiento) nos va a dar los resultados. La imagen nos va a dar las opciones de las cuales debemos escoger. Para darles un breve ejemplo, si yo escojo ver a Dios como un dictador tirano, lo más probable es que yo actué también como un tirano frente a los demás humanos, pero si al contrario yo veo a Dios como un ser amoroso y bueno, mis acciones serán el reflejo de esa imagen en mi cerebro. Por consiguiente todas mis acciones serán las de una persona bondadosa y amorosa; justo como la imagen de mi creador que yo tengo en mi cabeza.

CAPITULO DIECISÉIS

EL DIOS QUE CREAMOS Y EL DIOS DE LA BIBLIA.

Los adictos a los cuales he conocido y estimado, frecuentemente repiten un pensamiento que es muy destructivo; "Siempre voy a necesitar de las drogas". Afortunadamente, cuando comienzo a trabajar con ellos , ya se encuentran en el proceso de la rehabilitación. De acuerdo con El Poder Creativo, si usted piensa y repite un pensamiento por un largo periodo de tiempo, usted va a crear una inmensa y fuerte necesidad de consumir drogas, hasta el punto de que esta necesidad no tenga limites. Al final se crea una constante dependencia a las drogas.

Si usted observa el comportamiento que resulta, la Ley Cárdenas nos predice que el adicto va a mentir, engañar, robar, causar mucho daño y destruirá todo con un solo propósito: el de obtener las drogas. Efectivamente, si este comportamiento es llevado al extremo el adicto va a ser capaz hasta de matar o morir con el único propósito de obtener su droga preferida. El elegir perder su casa, su esposa, sus hijos o el de tener la posibilidad de seguir drogándose, son decisiones que un adicto toma fácilmente. Nunca nada más va a llenar la necesidad que crean sus pensamientos, de que "Siempre voy a necesitar la droga".

Nosotros , los que vemos todo desde afuera, observamos que es un deseo irracional de hacer las cosas que nosotros sabemos que no son buenas. La fuerza que empuja o que causa estas acciones es El Poder Creativo llevado de una manera negativa por los malos pensamientos en la mente de un adicto. No es sorprendente ver que los adictos usan las drogas aun estando consientes de la destrucción que estas les están causando. No se dan cuenta que la fuerza motriz ha sido creada en sus propias mentes por medio de la mera repetición de estos pobres pensamientos. Las drogas se convierten en su Dios. Ellos viven, respiran, trabajan y funcional bajo el evangelio de la drogas. El precio final que ellos deben pagar a ese dios, es el de entregar sus posesiones, salud, familia, hijos y finalmente sus vidas.

Muchas veces, he deseado que la causa de las adiciones hubiese sido un simple pensamiento como "Cuando crezca quiero ser un adicto". Con cambiar este pensamiento hubiese bastado para curar a todos los adictos fácilmente. Sin embargo, todos nosotros vivimos en nuestras realidades. Todas nuestras realidades son creadas por todos nuestros pensamientos reunidos al mismo tiempo y en el mismo lugar, afectando lo que sentimos y vemos. A consecuencia de que todos estamos teniendo diferentes pensamientos, nuestras realidades no pueden ser idénticas, pero algunas partes pueden llegar a ser similares. Por lo tanto podemos sentir ciertas partes de nuestras realidades juntos.

La descripción que yo utilizo para retratar el comportamiento de los adictos, es muy similar (el mismo proceso) al de los pensamientos negativos que una mente sin entrenamiento tiende a repetir. Mi más sincero deseo es el de que usted sea capaz de reconocer sus pensamientos y que usted se convierta en un adiestrado en sus usos. Utilizando El Poder Creativo para su propio beneficio le ayudara a servir a los demás a su alrededor.

Un buen amigo mío, fue tirado por su novia y este pobre hombre estaba sufriendo terriblemente al enfrentarse a esta situación. Se sentía derrumbado, no era capaz de ir a trabajar, de bañarse, ni de cumplir con las simples funciones diarias de una manera normal. Su madre me pidió que le ayudara. Para ese momento yo ya era un experto en el ejercicio del espejo y ya era bastante audaz al enseñar a la gente sobre las consecuencias de sus pensamientos. Me sentía bastante preparado. Cuando lo visite, lo encontré viendo televisión, pero sin volumen y con su mirada perdida en el espacio, perdido en su propio mundo. Mi primera pregunta fue muy hermosa, "En que está pensando?".

Su respuesta lo dijo todo, "Ella es mi vida". Y lagrimas comenzaron a brotar de sus ojos. Rápidamente le dije que comenzara a repetir "la odio". Me miró de inmediato como si yo fuera el mismísimo diablo. Le pedí que lo repitiera una y otra vez. Entiende mi punto. Después de repetirlo muchísimas veces, comenzó a aparecer una sonrisa en su rostro. Luego el solo comenzó a repetir "La odio". La energía de El Poder Creativo estaba comenzando a romper el pensamiento anterior, "Ella es mi vida". Y comencé a explicarle las consecuencias de nuestros pensamientos. Finalmente, le deje la tarea de hacer los ejercicios, como los descritos en el primer capítulo de este libro; el trabajo que se debe hacer. Lo instruí para que escribiera diariamente la frase "Voy a estar bien". Ocasionalmente he hablado con su madre y ella me comenta que él se ha convertido en un hombre nuevo. Ahora es un hombre seguro de sí mismo y es capaz de resolver los problemas que se le presentan en la vida, porque constantemente está repitiendo "Yo siempre estaré bien".

Lo que quiero que usted vea es que este pobre amigo en mi historia, había creado un dios, su novia. Antes que su pensamiento cambiara. Su felicidad estaba determinada por su dios, su novia. Cuando la gente repite el pensamiento que el repetía, o como muchos hombres dicen "Si la mamá no está feliz, nadie es feliz", desastrosos resultados ocurren. Cuando usted comienza a analizar el pensamiento "Ella es mi vida" y repite y repite este pensamiento, este pensamiento se convierte en realidad. Ese pensamiento tiene un área de acción inmensa; todas las cosas, se ordenan, organizan y se seleccionan por este pensamiento. Estos pensamientos le van a decir que comer, cuando comer, que vestir y hasta que pensar. Este pobre amigo pudo haber funcionado por un tiempo, pero cuando sucedió el abandono su vida parecía que era imposible, por consiguiente dejándolo imposibilitado para funcionar normalmente. Me imagino que usted podría describir a este individuo como dependiente, o como yo diría, "un hombre sin convicción" O como dirían en Colombia "Su mujer era la que llevaba los pantalones". Él ni siquiera tenía pensamientos propios, el solo repetía los pensamientos que ella le daba. En defensa de la novia se podría decir que al principio de la relación, ella pudo haber encontrado esta característica muy atractiva, pero rápidamente esto se convirtió en una carga difícil de llevar y por ende ella lo dejo.

Por medio de la repetición del pensamiento "La odio" yo estaba tratando de romper el cautiverio creado en su mente por sus mismos pensamientos. La libertad llego cuando él comenzó a repetir, "Voy a estar bien". Este pensamiento en particular creó una puerta de salida, un corredor que lo llevo hacia un lugar seguro y cómodo creado por el mismo en su propia mente, independientemente de las circunstancias actuales.

Le he mostrado los dos ejemplos anteriores para demostrarle, que los seres humanos frecuentemente creamos nuestros propios dioses en nuestras mentes. La pregunta que sobresale ahora es, "Como sabemos si estamos siguiendo al Dios correcto?" Esa fue mi duda al cambiar mi Dios de la infancia al Dios de mi madures. Tuve que comenzar a pensar acerca de los pensamientos que yo tenía de Dios. Engrandecido por el proceso creativo, comencé a utilizar El Poder Creativo para ayudarme a limpiar mi cerebro de todos los aspectos negativos con los cuales yo había crecido. Para estar seguro, empecé a reemplazarlos con pensamientos positivos. Usaba la Biblia como mi guía, ya que había desarrollado una gran atracción hacia ella. Descubrí que en la Biblia se encontraban muchos pensamientos positivos con unos campos de acción inmensos, pero aun sentía que tenía muchas preguntas sin responder dando vueltas en mi cabeza.

Una de las ideas con las cuales yo había crecido era la idea de que Dios estaba todo el tiempo observándome y que en cualquier momento me iba a castigar cuando él se hartase de mi comportamiento. Después de 57 años de desobediencia intencional, Dios no me ha castigado. Por lo tanto la idea de que Dios me castigaría en cualquier momento por cualquiera de mis errores, parecía ser errónea. La descripción de Dios en la Biblia es exactamente lo contrario. Nos sugiere a un Dios protector y amoroso, dispuesto a morir por mí y listo a darme el privilegio de llamarme hijo de Dios. Este cambio de pensamiento y el imaginar a Dios como un padre humano, parecía no ser una decisión difícil para mí, porque yo desde el punto de vista de padre, las acciones negativas de mis propios hijos, nunca fueron suficientes para causar que los deje de amar.

Uno de los aspectos más relevantes de Dios que fueron muy claros para mí cuando leía la Biblia, es el hecho de que el Dios de la Biblia requería de la existencia de una relación, una cooperación entre Dios Y yo mismo. Había crecido con la idea de que Dios era distante y que él quería permanecer de esa manera distante. Su deseo por mi vida no cambiaba. El retrato de mi realidad comenzaba a hacerse cada vez más claro. Hay mucha gente en el mundo la cual no está conectada a Dios; solo tienen el simple conocimiento de que existe un Dios, pero en su diario pensar, continúan funcionando sin importarles Su sabiduría y Su poder. Como por ejemplo cuando sucede un evento como una inundación, un huracán, o un accidente automovilístico. En esos momentos millones de personas llaman al Dios de la Biblia, pero como no existía una previa comunicación con Él, la comunicación parece no ser respondida. Regresándonos al principio de los tiempos cuando perdimos la conexión con Dios, por haber comido del árbol del conocimiento, Dios nunca abandono la relación con nosotros. Dios trato de comunicarse por medio de profetas, jueces, y reyes, pero sin éxito. Nosotros la raza humana seguíamos ignorando sus llamados. Lo más sorprendente de todo lo que he aprendido al estudiar múltiples pasajes, es que el Dios de la Biblia es persistente, pero parece tener un límite de tiempo. En un momento determinado, el Dios de la Biblia deja que la gente sufra las consecuencias de su humana forma de pensar.

Esto nos trae hacia una pregunta muy importante y la cual aun no ha sido respondida con la suficiente energía que a mí me gustaría. Porque cosas malas le pasan a la gente aparentemente buena? Sé que existe un libro con ese título. Pero recuerde que yo vengo desde el punto de vista del proceso creativo y de El Poder Creativo. Tenga en cuenta que El Poder Creativo nos instruye que cualquier pensamiento que repitamos se va a convertir en nuestra realidad. Por consiguiente cuando cosas malas pasan a personas buenas, mi primera pregunta sería, "Fue esto creado por los hombres o por Dios?" Muchos ejemplos vienen a mi mente.

Imagínese al pastor que tiene una aventura amorosa; lo cual es un problema muy común en nuestras sociedades actuales. Primeramente observemos la aventura como el resultado de un proceso creativo que comenzó en la mente del pastor. Es muy fácil predecir que el primer pensamiento que apareció en la mente del pastor fue algo como esto, "Esa mujer se ve muy divina" (que cuerpo tan rico) haciendo referencia a alguien que no es su esposa. Nuevamente el proceso de la creación me indica que el pastor debió haber repetido este pensamiento, el cual lo llevo a ciertas acciones como mentirle a su esposa, a hacer cambios sigilosos a sus horarios de trabajo, hasta finalmente tener sexo con esa otra mujer. En este escenario, el Dios de la Biblia le permite al pastor recorrer este camino hacia su propia destrucción. Por lo tanto el Dios de la Biblia no lo obliga a pensar ningún pensamiento en particular. Este parece ser el lugar donde el libre albedrío descansa. Yo escojo los pensamientos que repito. Esta observación en particular definitivamente me hizo cambiar los pensamientos de mi infancia. Mi imagen de Dios cambio de la de un dictador vigilante, a una idea más madura, como la de un Dios que me permite tener mi libertad y escoger los pensamientos que yo escojo repetir.

En este ejemplo en las cuales cosas malas pasan a persona buenas, yo podría culpar a Dios o culpo al hombre, el pastor. Las acciones del pastor quien decidió tener una aventura, no fueron causadas por Dios, pero en cambio fueron causadas por el hombre que permitió la repetición de pensamientos negativos. La Biblia nos enseña que debemos ejercitar control sobre nuestros pensamientos y nos describe en el segundo libro escrito por Pablo a los Corintios. Puede encontrar esta descripción en el capítulo 10, versículo 5. Entendí que el Dios de la Biblia me exige tener una relación con él y me pide que repita los pensamientos de Dios. Me advierte que no debo utilizar mis propios pensamientos. Nuevamente, esa información se encuentra en Santiago 1:13. Después de leer estos dos versículos, debo admitir que me estaba gustando cada vez más mi versión adulta de El Dios de la Biblia.

Deseo concluir este capítulo con la realización de que todos tenemos muchas ideas de Dios, las cuales hemos aprendido a través del transcurso de nuestras vidas y dependiendo de la experiencias que hayamos tenido. A medida que pasa el tiempo puede que cambiemos nuestra manera de pensar y pueda o pueda que no decidamos cuales pensamientos repetir. Es en la repetición de los pensamientos en donde escogemos donde se nos revela los aspectos de Dios y ellos se convierten en nuestra realidad. No es que Dios cambie, pero nuestra habilidad para ver los aspectos de Dios cambia con nuestra forma de pensar. En este momento ya es muy obvio para mí que cuando comparo mis pensamientos de Dios, con los del Dios descrito en la Biblia, he estado orando al Dios equivocado. Un Dios el cual yo mismo había creado.

El Poder Creativo tiene un fin práctico, el de mostrarle en su mente lo que los pensamientos que usted ha estado repitiendo van a hacer, si son repetidos. "Dios es mi proveedor absoluto, mi fuente de todo", voy a comenzar a creer que las cosas buenas y las cosas malas en mi vida vienen de Dios. Mi cerebro no me va a mostrar lo que estoy haciendo mal, lo que causo que me ocurrieran cosas malas en mi vida. Encontré en el libro de Santiago que el Dios de la Biblia es fuente únicamente de regalos perfectos y maravillosos en mi vida. Necesitaba modificar mis pensamientos hacia, "Dios es mi proveedor absoluto y me llena de cosas buenas y maravillosas únicamente" lo cual es consistente con lo que la Biblia me ha enseñado desde el primer momento. Esto se repite cuando leemos el famoso versículo Jeremías 29:11 que nos describe los planes que Dios tiene para nuestras vidas. La otra cara de la moneda nos muestra que cuando pasan cosas malas (estos siendo mis resultados), me doy cuenta que la mayoría de esto ocurre como resultado de mis pobres pensamientos.

Mi solución a este problema fue el de comenzar a experimentar con los pensamientos usados en la Biblia para describir a Dios. Fue el simple hecho de la repetición lo que causo que comenzara a ver a un Dios muy diferente, un Dios magnifico y poderoso. Muchos de nosotros tenemos múltiples ideas y pensamientos para describir a Dios y a la Biblia. La Biblia también utiliza múltiples nombres para describir a Dios. Dependiendo de la clase de pensamientos que usemos para describir a Dios, así Dios se nos será revelado. Por ejemplo: Si yo tengo una débil creencia de que Dios siempre me va a proteger y hacer prospero, a esto le añadimos pensamientos como, "Uno nunca sabe" y "No tengo nada de suerte", entonces el Dios que veremos, será un Dios que no tiene el control, un Dios que además está bajo el mando de cosas externas como el karma, la suerte y hasta lo desconocido. Sin embargo, si yo utilizo solamente los pensamientos de la Biblia, comenzamos a ver un Dios muy diferente; poderoso pero amoroso al mismo tiempo. Uno de los versículos más alentadores que he podido encontrar en la Biblia es el que nos cuenta cuando Jesús estaba tratando de explicarle a sus apóstoles, el cómo encontrar la entrada al reino de los cielos.

En ese momento el debió haber estado rodeado por niños, porque dijo, "Debes ser como uno de ellos para poder entrar al reino de los cielos" Entonces decidí comenzar a poner atención a los pensamientos de los niños. Los pensamientos de los niños son mágicos y sin temores. Aparentemente cuando crecemos cambiamos, de tener una visión pura de Dios a tener una visión que cambia junto a los temores que creamos y mantenemos en nuestras mentes.

CAPITULO DIECISIETE

UN EJEMPLO MALO

El proceso creativo y El Poder Creativo me han permitido ver el mundo de una manera muy diferente. Mientras que la gente comúnmente ven las acciones de otras personas, yo inmediatamente me concentro en analizar la forma que ellos están pensando, no como una forma de excusarlos por su comportamiento, pero más bien para así poder encontrar el origen de sus acciones. Cuando estoy explicando este proceso en mi clase de adición, se hace complicado tratar de explicarles lo que es el pecado, las leyes y la gracia de Dios.

Si usted toma una acción, que para muchos es considerada típica o normal, como por ejemplo beber en Alemania, la mayoría de la gente la ve como normal, nada negativo. Pero si llevamos esa misma forma de cerveza a Arabia Saudita. Me parece importante explicar que la cerveza en ese país no contiene alcohol, pero en este caso y para este ejemplo si contiene alcohol. Para la mayoría de la población de Arabia Saudita el acto de beber alcohol sería considerado negativo. No es la acción, pero más bien el pensamiento que causa que la acción se dirija hacia un lado positivo o negativo.

Me encontré con el mismo problema cuando trataba de explicar el pacto de ley vs el pacto de gracia que es enseñado en la Biblia. A fin de poder explicarle a mi audiencia este concepto, se me vino a la mente un ejemplo y sin ser necesariamente el mejor, teniendo en cuenta que estoy hablando en un centro de rehabilitación, seguí utilizándolo, resultando ser una forma muy eficaz de explicar. El ejemplo malo comienza así: Imagínese que tiene cuatro onzas de marihuana en su posesión, mientras conduce por el estado de Kentucky en el año 2017. La policía lo detiene y tienen la sospecha de que usted tiene algo con usted, lo revisan y encuentran la marihuana. Como la marihuana es ilegal en este estado, teniendo leyes que castigan este delito, usted es acusado de violación de la ley. Por consiguiente el juez le dará su sentencia. Hasta este punto en fácil de entender que dónde existen leyes, al mismo tiempo existen consecuencias. Ahora imaginémonos el mismo evento, pero esta vez usted está en el estado de Colorado, donde no existen leyes en contra de la marihuana. Usted es detenido, revisado y la policía encuentra las mismas cuatro onzas de marihuana, y como no existe ninguna ley en contra de su uso, por ende no hay consecuencias.

Así mismo, como esta diferencia es difícil de entender para un cristiano promedio en los Estados Unidos, es aun mucho más difícil de entender para el adicto, quien tiene una idea errónea del Dios de la Biblia. Este es constantemente un punto de disputa para la gente adicta al momento que trato de explicarles El Poder Creativo. La Biblia nos dice que después de perder la conexión con Dios, El les dio las leyes a los humanos. El propósito de estas leyes fue la de mostrarnos que a todos y sin excepciones que no seriamos capases de seguir el modelo impuesto por Dios. Por lo tanto Dios nos entrego una nueva alianza, una alianza de gracia. Este nuevo pacto de gracia nos dice que si aceptamos su sabiduría y su poder, vamos a ser admitidos en su reino, donde no existen leyes. En el pasado cuando el hombre se encontraba bajo la ley y si él era encontrado embriagado, el sería juzgado y encontrado culpable. Ahora que él se encuentra bajo la alianza de gracia y él se embriaga, su acción no es considerada como pecaminosa, porque donde no existe la ley, no existe el pecado. No quiere decir que este comportamiento sea perfecto, bueno o malo. Es simplemente que su comportamiento no está bajo juicio y al aceptar a Cristo el comienza a vivir bajo su gracia.

Yo no soy un erudito de la Biblia, ni tampoco estoy insinuando que nos volvamos bebedores. Utilizo este ejemplo para mostrarles a mis estudiantes que el Dios de la Biblia pareciera no interesarse mucho en sus acciones como ellos mismos lo hacen. El Dios de la Biblia pareciera preocuparse más por sus corazones y el origen de sus pensamientos. Por eso, le grito a los estudiantes, "No se preocupen por sus acciones, preocúpense por sus pensamientos" Son sus pensamientos los que determinan sus acciones, como lo dice LA LEY CARDENAS.

Para hacer las cosas más claras, no estoy defendiendo embriagarse o los malos comportamientos. Pablo nos explica que; a pesar de que todo es posible, no todo es bueno. Cuando hacemos referencia a sus comportamientos y a su cuerpo, la Biblia nos muestra claramente que debemos tratar nuestro cuerpo como el templo de Dios.

Si yo aplico El Poder Creativo al pensamiento "Mi cuerpo es el templo de Dios" este se convierte en un pensamiento enorme. Este campo incluye mis ejercicios, mi dormir, mi vida sexual, mi dieta, etc., esto afecta solamente los comportamientos que yo decido repetir.

Muchos de nosotros encontramos difícil aceptar la gracia, no porque la gracia sea un concepto difícil de entender, pero por el hecho de que estamos repitiendo constantemente pensamientos sobre la igualdad; de lo que está bien y no está bien, lo que es justo o injusto, acciones y consecuencias. Todo el tiempo estamos repitiendo frases acerca de como vengarnos y castigar, de cómo sacarnos el clavo. Cada vez que vemos algo controversial en la televisión, internet o Facebook, automáticamente empezamos a juzgar basados en los pensamientos que nosotros repetimos.

A nivel personal, decidí comenzar a experimentar con los pensamientos de gracia. Nuevamente, comencé a estar radiante, casi como un adolescente cuando es besado por primera vez. Comprendí que la gracia no puede ser concedida por Dios o nadie más, hasta que reconozcamos los errores. Después de unas cuantas repeticiones de: "Te doy la gracia" (ese fue mi pensamiento), se me hizo muy claro que el que escucha debe ser advertido de las posibles consecuencias negativas. Cuando hago o cometo errores, en los ojos de Dios estoy bajo la alianza de la gracia, Dios no me lo cuenta como si fuera un pecado. Sin embargo, el trabajo del Espíritu Santo es el de mostrarme que mi comportamiento esta por fuera de sus expectativas. De otra manera yo no sabría que se me fue dada la gracia.

Vamos a utilizar el siguiente ejemplo para explicar la gracia un poco más fácil. Imagínese un adolescente al cual nunca se le ha enseñado el proceso correcto para la eliminación de basuras. Cada vez que este joven pasa por el frente limpio de mi casa y tira basura en ella, el no tira la basura porque él sea un muchacho malvado, pero más bien por la falta de enseñanza o entrenamiento. Tengo dos opciones. Uno: Puedo recoger la basura y botarla sin decir nada. Puedo repetir esta misma acción por el resto de mi vida y su comportamiento nunca cambiara. Mi acción al recoger la basura, no es un acto de gracia, es más, probablemente el ni siquiera se percate de mi existencia. Dos: Me puedo acercar a él y enseñarle (mostrarle la ley) ahora él se da cuenta que no está correcto tirar la basura en el césped de mi casa. Asumiendo sus mejores intenciones, un día en el cual él se encontraba muy distraído, tiro nuevamente basura en el frente de mi casa. Ahora la ofensa se ha cometido y yo voy a jugar al papel de Dios del frente de mi casa.

Me encuentro con dos posibilidades. Posibilidad numero uno: Puedo hacer cumplir la ley y golpearlo. Posibilidad numero dos: Puedo concederle la gracia y mostrarle su error. La segunda es mucho más difícil para mí, ya que requiere que yo perdone sus errores. Al ser el Dios de mi propiedad, yo escogí darle la gracia, porque yo quiero más al joven, que a una propiedad. Usted se preguntara, quien termina removiendo la basura del frente de mi casa? Yo mismo lo hice, ya que soy el Dios de mi jardín.

Así mismo es con en el Dios de la Biblia. Después de perder nuestra conexión con Dios, El nos entrego sus leyes. Nuestras acciones ahora son juzgadas. Sabemos las leyes. Pero como cualquier adolescente, actuamos como si las leyes no hubiesen sido escritas para nosotros. Seguimos tirando basura en el jardín de Dios, su creación. La buena noticia es que Dios nos ha dado su gracia. Que a pesar de nuestras acciones, El escoge amarnos e ignorar nuestras transgresiones a la ley. Sin embargo no podemos ignorar la ley. El estándar no cambia. La ley debe ser cumplida. En este caso usted se preguntara "Como se cumplió la ley aquí? La respuesta es que Dios mismo lo hizo en la forma de Cristo.

Yo no sé lo que usted piensa acerca de Dios, pero en mi camino personal, la Biblia me ha enseñando algo que yo aprendí de El Poder Creativo, y que me hace que ame mas al Dios de la Biblia. Por fin estaba entendiendo la idea de la cruz, del pecado, y la gracia. Mis pensamientos finalmente estaban cambiando. Para ponerlo en un nivel bastante práctico, lo que yo estaba aprendiendo de Dios y de su amor, me estaba haciendo cambiar la relación con mis hijos. El Dios de la Biblia no paro de tener una relación conmigo, a pesar de mi actitud. En cambio, El pago el precio de restaurar nuestra relación, así haciendo cumplir la ley. No cambiándola. Una vez la ley es cumplida a través de Cristo, entramos en la alianza de la gracia para aquellos quienes aceptan este regalo. Dándome cuenta de la cantidad de amor requerida para amarme, a pesar de mi actitud de adolescente, esto me dio, el deseo de buscar y servir al Dios de la Biblia. El proposito de mi vida se hizo claro: Yo estoy aquí para enseñarles a mis hijos, a todos los siete billones de ellos, que el Dios de la Biblia los ama hasta la muerte.

CAPITULO DIECIOCHO

IRA, CULPA Y RESOLVIENDO MI PASADO

Las bendiciones que me fueron otorgadas continuaban llenándome a medida que usaba El Poder Creativo. Esta energía que es creada por medio de la repetición de pensamientos, me ha permitido encontrar cosas que permanecían ocultas para mí y para muchos de los humanos. A medida que practico y experimentó con los pensamientos, se hace más y más fácil el ver como el mundo verdaderamente funciona y como cambiarlo rápidamente de acuerdo a las metas que nos impongamos. Con los pensamientos, literalmente, estamos solamente limitados por nuestra imaginación. Si hago que mi imaginación se haga cada vez mejor y mejor, puedo crear un mundo cada vez mejor y mejor.

El proceso creativo del **pensamiento, repetición, acciones** y **resultados** es eterno y nosotros los humanos ya lo hemos usado y continuaremos usándolo por el resto de nuestras vidas. Nuestro conocimiento o falta de conocimiento del proceso, no nos permite que nos escapemos de sus consecuencias. Después de tener años de experiencia con los pensamientos, me siento muy confiado de poder enseñarle claramente el camino desde sus problemas hasta su solución de los problemas, por siempre. Literalmente, no hay nada imposible de alcanzar para la mente humana. A fin de poder resolver preguntas del pasado como la rabia, la culpa, y el miedo en mis clases de adicción, me siento como pato en el agua; capaz de nadar, en mi elemento.

Como un pequeño recordatorio, usted debe tener en cuenta que la energía creada por El Poder Creativo tiene ciertos límites tales como: El pensamiento solo se puede crear a sí mismo, la energía solo afecta al pensador, y el número de repeticiones es proporcional al tamaño del campo y el tiempo del pensamiento. Si usted tiene problemas con estos conceptos, todo lo que usted tiene que hacer es leer nuevamente (repetir) los capítulos iniciales y continuar haciendo el trabajo que debe hacerse como es explicado en el capitulo uno.

Uno de los tropiezos más comunes en el proceso de curar la adición, es la incapacidad de los adictos para resolver su pasado. Esto también pasa con gente normal, gente que no tiene adiciones. La falta de advertencias en cuanto a la cantidad de energía contenida en los pensamientos, nos causa un bloqueo frente a nuestro éxito personal. En muchos casos continúa siendo un bloqueo a los pensamientos vitales para su éxito. Sin embargo, es muy liberador saber que el poder que nos causa los problemas, puede ser fácilmente manipulado. Es esperanzador saber que no existe nada mal con el adicto, excepto por la falta de entrenamiento. Es tranquilizador que el problema del adicto no es genético, o un problema de inteligencia, o un problema de carácter. El saber estos detalles nos mueve en la dirección correcta, el reconocimiento de este proceso (Poder Creativo) no nos libra de los problemas porque el conocimiento no cambia nuestro comportamiento. El conocimiento únicamente nos muestra el pensamiento correcto a escoger, pero es la repetición la que nos mueve en la dirección correcta. Es el número de veces que se repite el pensamiento que crea la energía requerida para cambiar nuestro comportamiento. Las consecuencias de nuestras nuevas acciones son las que crean nuestra nueva realidad. La consecuencia de no aceptar este simple proceso y este poder creativo, causa la continuación de tratar de resolver problemas que han afectado a mucha gente en muchos lugares del mundo, de una manera que aumenta el problema y no nos da la solución. Todos nuestros problemas fueron creados por nuestra manera de pensar y por lo tanto todas las soluciones deben ser creadas empezando con una manera diferente de pensar. Cualquier intento de resolver un problema cambiando la manera de comportarse, sin cambiar la manera de pensar va a ser fútil y frustrante con éxito a corto tiempo. Para el alcohólico es muy importante entender que el alcohol no tiene poder, excepto por el poder dado al alcohol por el pensador. Esto aplica a cualquier problema que cualquier persona pueda tener en este momento.

Un pensamiento que escucho frecuentemente es "No podemos cambiar el pasado" Tengo que admitir que yo he repetido este pensamiento muchas veces. Si continuo repitiendo ese pensamiento, luego la realidad que voy a crear es que voy a hacer mi pasado impenetrable. El pasado que no cambio continuará haciéndome daño por el resto de mi vida. En mi experimentación con los pensamientos, decidí repetir lo contrario. Comencé a repetir, "Puedo cambiar el pasado". Recuerde es solo un pensamiento. No estoy pidiendo que haga algo mas, solo que repita el pensamiento. Yo lo hice. Inmediatamente imágenes de las películas en las que se viaja por el tiempo llegaron a mi mente. Este libro no es acerca de ciencia ficción, aunque la ciencia ficción tiene la tendencia morbosa a convertirse en nuestra realidad.

Empecé a ver otras posibilidades como, "Puedo olvidar mi pasado", "Puedo perdonar mi pasado", y "Puedo revivir mi pasado". Estos pensamientos sugieren que nuestro pasado parece ser moldeable. Yo causaría acciones positivas con esto pensamientos si yo repitiera alguno de estos pensamientos. Yo empecé a entender que mi pasado es un conjunto de memorias, buenas, malas y neutrales; y estos son los pensamientos que yo continuaba viendo en mi cerebro. El pensamiento "Puedo cambiar el pasado" se hizo realidad porque mi pasado es únicamente una seria de pensamientos (memorias) y yo me estaba volviendo un experto en cambiar pensamientos. Consecuentemente el pensamiento "No puedo cambiar mi pasado" que yo había vivido por muchos años tenía que cambiarse. Este pensamiento era como una pared que me prevenía disfrutar o cambiar los pensamientos que hacían mi pasado.

El reconocimiento que mi pasado era hecho de memorias y pensamientos que se repetían en mi cabeza, me hizo saltar un paso muy fácil para poder clasificar mis memorias en dos categorías, buenas y malas memorias. Rápidamente me di cuenta que no estaba repitiendo las gratas memorias de mi vida. Comencé a recordar muchas de mis memorias como cuando mi hermano mayor, de más o menos 12 años, pateo a otro niño de 8 años que me estaba humillando cuando yo tenía 7 años. Este fue un momento muy grato para mí, esa memoria me hizo dar cuenta que yo nunca he estado solo. Aparentemente mis problemas resultaron de cuando las memorias que yo escogí para repetir eran únicamente las memorias negativas y no las positivas. Lo bonito de este proceso de crear es que nadie nos obliga a repetir un pensamiento u otro. Yo tengo el control. Decidí repetir únicamente las buenas memorias; como el hecho de que mi mama ahorraba los pedazos de jabón para más tarde hacer una bola de jabón y extender su uso. En una nota interesante, decidí hablar con mis hermanos y hermanas acerca de las memorias positivas que juntos habíamos compartido.. También decidí, que las bolas de jabón eran tan buena memoria que yo personalmente hice bolas de jabón y se las regale a mis hermanos y hermanas. Esta simple acción de revivir una buena memoria, creo un momento mágico, como si el tiempo se hubiese detenido.

El ambiente de la casa cambio cuando les presente este simple regalo, pero el compartir esta memoria creó un momento mágico, generando en si otra buena memoria. Ahora hablo intencionalmente de mis buenas memorias de mi pasado.

Mi pasado no es solo una colección de buenas memorias, también tengo malas. Hasta hace muy poco tiempo me di cuenta de las consecuencias de recordar y repetir estas memorias negativas. Ahora me doy cuenta que recordar estas memorias causan mi presente realidad. Dividí las memorias negativas en dos categorías. La primera categoría incluyo memoria cuando fui ofendido, golpeado o abusado. La segunda categoría incluía las memorias cuando yo ofendí, maltrate o hice daño a otras personas. El resultado de repetir estas malas memorias tiene graves consecuencias y determinan quien soy yo hoy en día. Me di cuenta que los pensamientos que repito determinan mi futuro, entonces me di cuenta, que debo aprender a controlar mis pensamientos.

Por ejemplo imagínese que una persona cuando niño fue abusado sexualmente, este niño fue tocado de una manera indebida, desafortunadamente esta memoria afecta mucha gente. Yo intencionalmente escojo pensar de esta manera, de este hecho, de una manera negativa. No hay mucha diferencia si el niño reporta el niño o no, lo que es importante es cuantas veces el niño repite esta memoria; es el número de repeticiones que determina el poder creado. Si el niño continuamente repite esta memoria, el cerebro del niño va a revelarle las acciones que completan este pensamiento. Pronto la imagen de una víctima aparece en la mente del niño. Eventualmente el niño que repite este pensamiento se ve como víctima no únicamente en esta situación si no en todas las circunstancias; lo que nosotros veríamos seria una persona enojada, sin la habilidad de poder confiar en nadie y quien es muy posible que sufra de depresión.

Puedo yo o cualquier persona cambiar la realidad; la respuesta es sí, pero únicamente si cambiamos la manera de pensar. Puede que usted no sea capaz de cambiar lo que paso exactamente, pero de seguro puede cambiar la manera que lo recuerda. Una de las opciones que tenemos como humanos es la del perdón. Esta no es la única opción, pero es la que yo recomiendo. Si empiezo a repetir pensamientos de perdón, de amor, de valor, las acciones del pasado "Abuso sexual" No me van a afectar negativamente. Yo recomiendo la repetición de "Yo soy más fuerte que cualquier problema en mi vida". Porque yo he escogido pensar de una manera con habilidad y fortaleza, la imagen que se produce en mi mente va a ser diferente. Mis acciones van a ser diferentes tal como la Ley Cárdenas lo predice y el resultado o mi realidad van a ser diferentes. Otro ejemplo para ilustrar este punto sería el de imaginarse que un padre en un momento de frustración llama a su hijo o hija "Idiota". Dos cosas que el Poder Creativo nos enseña es que los pensamientos del padre, no tienen poder excepto el de poner ese pensamiento en la mente del niño; pero el punto más importante que nos enseña es que aquel que repite el pensamiento es el que crea la energía del Poder Creativo. En este ejemplo el niño tiene la habilidad de escoger a repetir o ignorar este pensamiento. Es el niño quien debe escoger el perdón al padre, Si el hijo escoge no perdonar y continua repitiendo "Yo soy un idiota" aun si el padre nunca más lo repite. Este hijo va a generar una energía negativa que le va a causar acciones negativas y la realidad creada va a ser negativa también. Lo más probable es que este hijo va a crecer y va a ser un adulto que va a ser irresponsable, desempleado, pobre y con bajas esperanzas de su futuro.

Ahora imagínese que yo le demuestro a esta persona que sus pensamientos tienen el Poder Creativo. Yo no trataría de explicar las acciones del padre, pero más bien me enfocaría en lo que esta persona está pensando. Por medio del perdón y cambiando el pensamiento de "Yo soy un idiota" a "Yo puedo hacer todo porque Cristo me fortalece" o "Yo soy un hijo de Dios" cambios positivos van a ocurrir. Es la simple acción de cambiar el pensamiento, da origen al proceso del Poder Creativo. El poder de esta energía es proporcional al número de veces que este pensamiento se repita. Si este individuo empieza a repetir este pensamiento intencionalmente, hablado o por escrito, el tiempo necesario para cambiar sus acciones va a ser corto, creando una realidad diferente. Esta persona va a ser capaz de cambiar su pasado porque su pasado es hecho de pensamientos y perdonando a aquellos que nos han herido y ofendido libera su ira y frustración. Esta persona es una nueva creación.

Cualquiera de nosotros pude arreglar cualquier situación utilizando el Poder Creativo en reverso. Vamos a asumir que usted tiene problemas de ira. Imagínese que la ira es su realidad. Debido a que su ira es causada por sus acciones y sus acciones son causadas por sus pensamientos, la solución más rápida es cambiar sus pensamientos. Por lo tanto mi advertencia a usted "Si quiere cambiar su pasado", Usted debe cambiar sus pensamientos, usted debe cambiar los pensamientos que causaron su ira. Si usted escoge retener su ira causada por la repetición de pensamientos como "Yo no puedo perdonar", espere las consecuencias de este pensamiento. Nadie lo está forzando a repetir sus pensamientos. Si usted quiere deshacerse de su ira , yo recomiendo el perdonar todos los que lo han ofendido.

Tome un momento para recordar toda las cosas horribles que usted le ha hecho a Dios. Empezando por que usted lo ignora y lo odia y todos los pensamientos entre estos dos. La ira de Dios contra el hombre se resuelve cuando el escogió perdonarnos; este perdón no sucedió porque decidimos empezar a honrar a Dios. La Biblia enseña que aun cuando todavía éramos pecadores y Dios escogió perdonarnos. Cuando usted escoge perdonar a aquellos que lo han ofendido, usted está utilizando el mismo patrón que Dios siguió. Es la acción de Dios que nos reconecta a Él. Por lo tanto es su acción de perdonar que lo libera de las ataduras de la ira en su vida.

Moviéndonos más adelante mi pasado también incluye pensamientos y memorias de cuando yo fui el que cause el mal. Reconocí que es muy importante que tenemos que actuar correctamente cuando tenemos estas memorias, la memoria que recordé rápidamente fue la de cuando yo era niño creciendo en un pequeño pueblo de Colombia, allí uno podía caminar una cuadra a la tienda. Un día mi padre me dio el equivalente a un billete de 20 dólares para comprar una libra de azúcar, que hubiese costado alrededor de 1 dólar. Corrí a la tienda y compre el azúcar. Cuando regrese mi papa ya se había ido a trabajar. Yo puse el cambio (el resto de la plata) en mi chaqueta con la intención de retornar esa plata ese día mas tarde. Varios días pasaron y olvide la plata, mi padre se olvido de la plata y yo no use la chaqueta por varias semanas. Un mes más tarde para mi sorpresa, encontré la plata. Para un niño de mi edad esto era muchísima plata, el dilema que yo tuve era regresar la plata o no.

No muy sorprendente, escogí pensarlo un rato más. Poco a poco la plata se gasto, este momento fue olvidado por mi papa más no por mí. Este evento permanecía en mi mete y cada vez que mi papa me llamaba yo me imaginaba lo que iba a pasar. La catástrofe estaba muy cerca. Iba a recibir chancleta; muchos pensamientos como este jugaban con mi mente. Mi ansiedad y culpabilidad nunca terminaron. Mi ansiedad y mi culpa únicamente aumentaron porque yo nunca pare de desobedecer las reglas. Empecé a manejar sin licencia, maneje sin seguro de carro, engañe a mi novia aun teniendo una buena relación con ella. Todas las mentiras, robos, engaños y muchas otras cosas de las que yo creía que me estaba escapando no era cierto. Era como si yo estuviera cargando una maleta muy pesada en mi espalda, pero en realidad yo estaba cargando mis secretos que me estaban causando vergüenza y culpa. Cada vez que saludaba a alguien era como si yo tuviese dos personalidades, hablaba con vos alta a la persona en frente de mi, pero la otra personalidad hablo con vergüenza dentro de mí. Internamente estaba repitiendo esos pensamientos de mi pasado que me causaban la vergüenza.

Cuando encontré la pregunta "Puedo cambiar mi pasado?" Mi respuesta fue Si! Pero tenemos que cambiar nuestros pensamientos. Puedo escoger "A mí no me importa" acerca de lo que hice en el pasado (no lo recomiendo) o puedo pedir perdón (recomendado). Usted puede seguir la recomendación que yo encontré en el libro de los Alcohólicos Anónimos, que es recompensar a aquellos individuos que yo herí. Haciendo recompensas usted tiene el poder de cambiar su pasado y esto es posible porque usted no recuerda la memoria de la misma manera, usted empieza una nueva etapa de su vida.

Usted se libera de la vergüenza causada recordando sus malicias del pasado.

Después de graduarme como médico y cansado de cargar la memoria de la plata que le robe a mi padre, decidí recompensar a mi padre aun si yo no podía arreglar todo lo malo que había hecho; al menos me podía perdonar por haber ocultado esta plata. Calcule una porcentaje de interés bajo y escribí una carta con el porqué de el cheque yo le estaba enviando. Hoy camino más orgullosos que mi papa me perdono un error del cual él nunca se dio cuenta. Yo he pagado un precio muy alto por mucho tiempo, pero hoy ya soy libre de esta memoria simplemente cambiando mi manera de pensar.

Hay situaciones donde pagar recompensa es imposible, por ejemplo no puedo corregir de haber manejado sin licencia, pero hoy obedezco todas las leyes de tráfico. Simplemente acepte un perdón genérico. Ya no me critico. Soy una nueva creación porque cambiando la manera de pensar de mi pasado tiene el poder de cambiar mi presente realidad.

Todo este conocimiento y sabiduría que comencé a reconocer era debido al hecho de que estaba utilizando El Poder Creativo. Este Poder Creativo también me forzó a leer y comparar mis pensamientos con lo que la Biblia nos enseña. En la Biblia encontré que para continuar nuestra amistad con Dios, el nos dio los mandamientos leyes de comportamiento que determinan nuestras acciones. El propósito de estas leyes era la de mostrarnos lo que Dios ya sabía. Nuestras acciones en lo mejor de nuestra habilidad e intenciones, nunca van a alcanzar el estándar requerido para reconectarnos con Dios. Nosotros podemos reconectarnos con Dios porque El quiere restablecer la conexión perdida. El no cambia la ley y por el contrario El completa todos los requisitos que la ley demanda pagando el precio el mismo.

Una situación similar ocurre cuando nosotros perdonamos, simplemente escogemos pagar el precio requerido por la ofensa cuando estamos motivados por el amor. Podemos cuando somos ofendidos requerir recompensa tal como la ley lo requiere, pero en este caso recibimos justicia. Si escogemos el perdón como Dios perdona, estamos ofreciendo la absolución que tiene mucho mas beneficio para nosotros los humanos. El acto de extender gracia y perdonar o recibir el perdón parece tener un poder medicinal requerido para elevarnos a un nivel más alto de existencia en donde fuimos creados inicialmente.

Por todas las veces que he ignorado a Dios en mi pasado, la Biblia enseña que se me ofrece absolución después de aceptar el regalo de Dios ofrecido en la forma de Cristo. Jesucristo pago el precio requerido por la ley y por lo tanto la ley se cumplió y termino de existir. Ahora he sido perdonado y vivo bajo la gracia de Dios, reconectándome con Él una vez más.

Quiero que recuerde que mi habilidad para entender estos conceptos escritos en la Biblia fue posible únicamente porque empecé a repetir "Puedo cambiar mi pasado". Este pensamiento en particular realmente es solo una pequeña porción de un pensamiento mas grande "Puedo controlar el tiempo". Tengo que admitir que hasta este momento había estado repitiendo "No puede controlar el tiempo", porque hasta el momento del descubrimiento del Poder Creativo me sentía incapaz de cambiar mi pasado y vivía con miedo de mi futuro.

CAPITULO DIECINUEVE

MIEDO, LA VOLUNTAD DE DIOS, CREANDO MI FUTURO

El Poder Creativo me enseña que yo, el pensador tengo el poder de escoger los pensamientos que yo repito. La energía generada por la repetición de un pensamiento en particular tiene el límite de afectar el campo de acción que el pensamiento describe. La repetición de pensamientos empezó desde mi infancia por lo tanto, yo, el pensador he estado creando mi realidad poco a poco. Cuando un pensamiento en particular cambia mi realidad va a cambiar el grado descrito por el pensamiento. Hay una variable de tiempo que es necesario entre el cambio del pensamiento y la materialización de esos pensamientos.

Si empieza a pensar en su realidad hoy, unos de sus pensamientos se han materializado y otros pensamientos están en diferentes partes del proceso creativo. Unos pensamientos han empezado a causar acciones mientras que otros únicamente han comenzado el proceso de repetición. Estos últimos pensamientos no han tenido suficiente tiempo para crear la imagen en su cerebro. Los pensamientos que ya se han materializado, lo llamaríamos el pasado mientras que los pensamientos que están terminando el proceso creativo seria su presente. Los pensamientos que hasta ahora empezó a repetir más los pensamientos que va adquirir más tarde se llamarían su futuro.

En el capitulo anterior nos tomamos el tiempo para analizar los pensamientos que formaban su pasado. Nosotros descubrimos que hay unos pensamientos que son negativos (producen resultados negativos como ira, culpa y vergüenza) y hay otros pensamientos que son positivos como las memorias infantiles y de familia. Un análisis similar se puede hacer de los pensamientos que van a crear su futuro. Es imperativo que empecemos el proceso de análisis de nuestro pensamiento para obtener el control de nuestro futuro.

Piense en su futuro, todo su futuro como un rompecabezas. Cada pieza del rompecabezas es creado o será creado por un pensamiento que usted repite hoy o por un pensamiento que va a empezar a repetir en el futuro. Recuerde que cada pensamiento tiene un tamaño específico y afecta un área específica. El número de piezas del rompecabezas va a depender del tamaño de sus pensamientos. Si yo empiezo a repetir el pensamiento :"No puedo cambiar mi destino" Y comienzo a repetirlo constantemente y por mucho tiempo, muy pronto voy a ver en mi cerebro imágenes de mi futuro. Mi futuro va a parecer que nada está bajo mi control; este pensamiento tiene un campo de acción muy grande porque incluye TODAS mis acciones y experiencias. La consecuencia de repetir este pensamiento es que yo voy empezar a sentir que no tengo control sobre lo que va a pasar y cuando va a ocurrir. En general nosotros esperamos experiencias negativas y por lo tanto la realidad creada seria una realidad llena de ansiedad y frustración porque el individuo no podría cambiar sus circunstancias. El individuo estaría en un estado constante de miedo tomando medicina para poder lidiar con el presente. Quiero que tenga en mente que un pensamiento negativo acerca de su futuro va a crear miedo y este miedo creado por el pensador tiene únicamente una víctima, el pensador.

Mi recomendación es que no repita el pensamiento "No puedo cambiar mi futuro" en cambio sugiero que repita el pensamiento opuesto "Controlo mi futuro" Quiero que el lector entienda que cuando yo comencé a repetir este pensamiento habían muchas dudad en mi mente. Personalmente no creía que era cierto pero repetirlo para mí era únicamente un experimento. El poder creativo soportaba este pensamiento y experimento porque todo lo que tenía que hacer seria el controlar mis pensamientos y nada más. El primer paso fue crear la pregunta, "Puedo controlar los pensamientos que repito?" Si escoge la respuesta "No controlo todos mis pensamientos" Su futuro estaría lleno de incertidumbre. Sin embargo si usted escoge repetir "Si, controlo todos mis pensamientos" su futuro entra bajo su control. Recuerde que hasta este momento del experimento, todo lo que uno tiene que hacer es la repetición del pensamiento y la observación de lo que usted ve en su cerebro. Muy fácil de hacer.

Si empiezo a repetir el pensamiento "No controlo mis pensamientos" usted va a sentir que este pensamiento se va a convertir en su realidad, usted eliminaría el control sintiendo la inhabilidad de controlarlo y va a sentir la frustración de que usted sabe que hacer pero va a ser incapaz de cambiar su realidad. La repetición de este pensamiento generaría ansiedad y miedo. Personalmente yo empecé a repetir el pensamiento "Controlo mi futuro porque controlo todos mis pensamientos" la repetición empezó y los resultados comenzaron a llegar.

Rápidamente me di cuenta de los pensamientos que había estado repitiendo por mucho tiempo, únicamente para darme cuenta que la mayoría de estos pensamientos eran negativos. Recuerde que entre más es el número de pensamientos, más grande es el número de piezas del rompecabezas que forma su futuro. La realización de que mi futuro era dependiente de pensamientos múltiples, me hizo dar cuenta de la necesidad de reducir el número de pensamientos. En el pasado he repetido "tengo un karma muy negativo". La consecuencia de repetir este pensamiento es la creación de una porción de mi futuro controlada por un poder llamado Karma, que aumenta basado en el número de veces que repito ese pensamiento. La eliminación de este pensamiento causo la reducción en el número de piezas del rompecabezas. Otro pensamiento común era "Nadie sabe el futuro" Que yo había repetido por mucho tiempo y se había convertido en parte de mi realidad. Este tipo de pensamientos tenían que ser eliminados porque su campo de acción era muy grande.

Otros pensamientos fueron analizados como por ejemplo "No tengo suerte", este último pensamiento en particular remueve la posibilidad de que algo lindo pueda sucederme al azar. Otro de los pensamientos que me sorprendió era "Me estoy poniendo viejo" la imagen generada por este pensamiento es la imagen de alguien débil, loco, incapacitado, dependiente y enfermo. Definitivamente una imagen negativa; pero la realización de su existencia no hubiese sido posible si yo no hubiese empezado a repetir "Si, controlo mi futuro". Por lo tanto estos pensamientos tenían que ser eliminados. También me di cuenta que el proceso de eliminar pensamientos no sería suficiente. Era como si el Poder Creativo me invitara a reemplazar estos pensamientos. La imagen de mi futuro incluye pensamientos acerca de mi salud, amistades, hijos, esposa, servicio a mi comunidad. El trabajo para hacer se veía complejo excepto por el hecho de saber que los pensamientos pueden ser sumados. Si sumo todos los pensamientos que me van a afectar en mi futuro, el resultado empezaría con las palabras "Mi vida...". Una vez que yo he añadido todos los pensamientos lo ultimo por hacer es determinar la dirección, el destino que yo quería darle a mi vida.

Si escojo a repetir el pensamiento "La vida es muy dura", mi futuro va a tener una serie de experiencias difíciles que van a crear una persona muy amargada. La mayoría de la gente en general repiten el pensamiento "Así es la vida". Esto puede ser expandido para decir que la vida es la suma de buenas experiencias y malas, pero crea una vida tolerable. Si estas personas que repiten "Así es la vida" se les diera la opción de reducir o remover las experiencias negativas, ellos lo escogerían rápidamente. La frustración se presenta debido a la ignorancia de la existencia del Poder Creativo. Nosotros aceptamos nuestra incapacidad de cambiar nuestro futuro. Mi experimento personal continuo mostrándome el siguiente paso. Empecé a repetir "Mi vida es mejor cada día" y en otras ocasiones "Mi vida es perfecta" Este ultimo pensamiento recreaba la imagen que había visto de mi futuro cundo era niño y creía en mi habilidad absoluta. Pero desde niño y con el paso del tiempo empecé a crear muros y a cerrar oportunidades. Esto lo hice con tanta frecuencia que la imagen perfecta de mi futuro que tenia de niño se comenzó a borrar. Sin embargo la repetición del pensamiento "Mi vida es perfecta" estaba atrayendo la imagen de mi infancia cada vez mas y mas clara. Uno de los puntos más interesantes y que aun me sorprende es la pureza de mi corazón en esa imagen. De niño yo quería ayudar a todo el mundo en todas partes y sin preocupaciones de plata. Aun recuerdo a mi hermanos y hermanas repitiendo "Voy a dejar este mundo en mejor condición de que cuando nací".

La repetición del pensamiento "Mi vida es perfecta" estaba creando un propósito para mi vida. Me empecé a dar cuenta que hasta este momento yo estaba solo sobreviviendo esta vida, en vez de la emoción que se empezó a desarrollar en mi mente. Estaba adquiriendo un propósito decisivo y fuerte.

El próximo paso de mi búsqueda era el de comparar los pensamientos que se refieren a mi futuro y que podemos encontrar en la Biblia. Una abundancia de referencias llego a mi mente inmediatamente como "No se preocupe". No soy un erudito de la Biblia pero recuerdo leyendo en Facebook que alguien escribió que hay 365 versos en la Biblia que dicen "No se preocupen" uno para cada día del año. El verso que recuerdo más fácilmente es Jeremías 29:11 que describe el plan de Dios para mí. El plan es de bienestar y el de un buen futuro lleno de bienestar y prosperidad. Me referiría a esta imagen como la imagen de un futuro perfecto. Mi pensamiento "Mi vida es perfecta"

No era muy diferente de lo que Dios tiene planeado para mi vida. Tengo que admitir que sentí alivio al recordar que el Dios de la Biblia quiere darme un futuro excelente. Esta es una razón más por la cual siento una atracción cada día más fuerte por su plan. Entre más investigaba profundamente los versos en la Biblia que se referían al futuro, encontré la carta de triunfo: "Vida eterna". Si usted empieza a repetir el pensamiento "Tengo vida eterna" muy pronto va a sentir una sensación de euforia sin miedo y como si usted fuera indestructible. Este retrato se encuentra en la Biblia en varios lugares, en donde la Biblia menciona un estado de guerra. La adquisición de vida eterna requiere que el lector acepte el poder y la sabiduría de Dios. Estos dos elementos son presentados como sacrificio en la persona de Jesucristo. Definitivamente Dios nos presenta un plan muy atractivo.

Dos ideas que se mencionan en la Biblia acerca del futuro son el reino de Dios y el cielo. No tengo una idea perfecta de esta descripción pero parece que el cielo es el lugar de residencia del creador donde la ausencia de sufrimiento es absoluta, dándonos la idea de un gozó puro. La idea que yo recibo leyendo la Biblia acerca del reino de Dios, es descrita en mi mente como la trayectoria hacia el cielo. Sin embargo si el reino de Dios es la ruta hacia el cielo o si el reino de Dios es el cielo la recompensa termina siendo la misma, la presencia constante del creador. Esta idea es muy interesante para mí porque con mucha frecuencia yo siento que la repetición de un pensamiento causa que mi mente viaje en la dirección específica de cada pensamiento de por sí. Por lo tanto si yo repito "Tengo vida eterna y voy para el cielo" el destino final sería la compañía eterna con mi creador.

Una condición particular entre el Dios de la Biblia y el hombre que llama mi atención, es la descripción de la cooperación que debe tomar lugar. Aunque la Biblia describe que Dios es la fuente, el receptor "usted o yo" tenemos un papel muy activo en este proceso. La Biblia repite en muchas partes que el hombre debe pedir y que si el hombre no ha recibido es porque el hombre no lo ha pedido correctamente; esto parece ser confirmado en el libro de Santiago. Esta nueva manera de pensar es opuesta a mi manera de pensar antes de que yo entendiera el poder creativo y antes de que yo empezara a leer la Biblia desde el punto de vista del Poder Creativo. Una de las ideas de Dios con las cuales yo crecí y que fue reforzada por mi madre, que aunque era una mujer muy creyente estaba cambiando lo que yo leo en la Biblia hoy. Cuando me encontraba en situaciones en las cuales había utilizado todas mis habilidades, mi mamá me aseguraba que esta carencia de éxito era parte del plan de Dios. Esto me decía que Dios podía o podría no escoger darme mi respuesta, haciéndome vulnerable; en un estado en el cual yo tenía que rogar como un niño rogándole a un padre el cual no quiere cooperar. La Biblia describe exactamente una imagen opuesta. En múltiples versos la Biblia describe a un Dios deseoso de cumplir los deseos de nuestro corazón.

Comúnmente escucho a mis pacientes repetir "Esta en las manos de Dios" Queriendo indicar que ellos han parado de intentar cambiar el futuro y que es únicamente Dios el que determina los resultados. Esta manera de pensar es en oposición directa con lo que encuentro en la Biblia. Si leo lo que la Biblia dice sobre mi futuro, la Biblia describe de que una vez que me reconecto con Dios y con la aceptación de Jesucristo, su poder y su sabiduría, yo obtengo el derecho de llamarme "Hijo de Dios". Claramente un pensamiento positivo, además de ser el hijo de Dios se me ofrece, vida eterna, y la garantía de que cualquier cosa que yo pida, yo la recibiré. Parece ser que todo lo que tengo que hacer es repetir el pedido o como el Poder Creativo enseña es repetir el pensamiento. Por lo tanto, mi recomendación final acerca de su futuro seria repetir el siguiente pensamiento, que parece cubrir todas las posibles áreas:

"Gracias Padre nuestro, mi vida es perfecta todo el tiempo".

CAPITULO VEINTE

LA ORACION Y EL PODER CREATIVO

Con el hecho de reconocer el poder creativo, usted va a sentir nuevas experiencias creadas por su propia habilidad de crear y repetir pensamientos. Si su pensamiento es positivo, las consecuencias van a ser positivas y si el pensamiento es negativo las consecuencias van a ser negativas. El origen de estos resultados ha sido un poco difícil de entender. Si yo empiezo con el pensamiento "Voy a hacer hamburguesas esta noche" y yo lo repito, el cerebro me va a mostrar los pasos a tomar incluyendo que ingredientes debo comprar. La consecuencia de estas acciones van a ser hamburguesas. Pero quien fue la fuente u origen? Quien puso la carne en el supermercado? Y el pan en la panadería? Yo, como el pensador no tuve que ver con nada de criar la vaca, o cultivar el trigo, por lo tanto, yo el pensador , no puedo recibir todo el elogio por el producto final. Hubo procesos creativos que crearon la carne y el pan que trabajaron en concierto conmigo, el creador de la hamburguesa para crear el producto final. Entonces quienes eran estos otros creadores? Un análisis simple y general es aceptar la existencia de otros creadores en el pasado que nos dan acceso al creador presente para completar mi creación.

Si usted empieza con un pensamiento negativo, "me gusta emborracharme", el mismo análisis se puede hacer. Simplemente aceptamos la existencia de otros creadores en el pasado que crearon el alcohol pero dan acceso al creador del presente para emborracharse.

Como el resultado de emborracharse es generalmente negativo, esos creadores eran negativos. Si yo empiezo con un pensamiento positivo, como "yo quiero mucho a mi nieta" y lo repito, yo recibiría una energía positiva que causaría acciones positivas y culminaría en la creación de un lugar más seguro para mi nieta. Este pensamiento crea una realidad positiva. La mayoría de los materiales utilizados para crear este lugar más seguro, fueron creados previamente, pero, como el resultado es positivo, los creadores previos o co-creadores eran positivos.

Aprendí de la idea del creador cuando leí la Biblia. Al principio, el Creador se dice que habló y en su análisis el resultado fue bueno. Comencé a pensar del creador descrito en la Biblia como el pensador positivo. Sin embargo hay muchas historias en la Biblia, cuando el Dios de la Biblia mando a sus seguidores a exterminar otros grupos de gente que vivían en la tierra prometida. Si usted pertenecía a uno de estos grupos, su conclusión seria que el Dios de la Biblia es un Dios creador negativo. De la misma manera, si una persona empieza a repetir "Necesito drogas" Y el vendedor de drogas aparece, el pensador adicto se referiría a los creadores de drogas como creadores positivos porque lo que ellos crearon a permitido la realización de "Necesito drogas". En conclusión parece ser obvio que nos referimos a nuestros co-creadores, positivos o negativos dependiendo del pensamiento que está siendo repetido y la interpretación de este pensamiento por el pensador.

Hay ocasiones que un pensamiento parece incompleto debido a co-creadores del pasado, bueno o malo no haciendo lo que nosotros esperamos. Lo opuesto es cierto cuando encontramos circunstancias que no hemos pedido, pero las encontramos en parte de nuestra realidad sin pedirlo. La ultima situación sería cuando una persona recibe un diagnostico de cáncer o una joven es despreciada por el novio. Como el Poder Creativo enseña que todas las cosas son creadas por el pensamiento, es fácil concluir que nuestra realidad puede ser afectada por otros co-creadores, pero este efecto aun no lo he pensado completamente.

Uno de estos ejemplos que yo recuerdo claramente ocurrió cuando mi sobrino recibió el diagnostico de cáncer. Yo empecé a pedir al Dios de la Biblia tal cual como otros miembros de la familia, a pesar de mi repetición intensiva, el resultado final fue su muerte. La pregunta que permanecía en mi cerebro era "Porque Dios no respondió a mis oraciones o repeticiones?" Que resulto de mi proceso creativo?. Como es que otras personas oran con éxito y como es que el Dios creador escoge? Muchas preguntas permanecen y mi investigación de los pensamientos y de su energía continúa. Decidí estudiar al Dios de la Biblia para entender mejor, porque el Dios de mi infancia aparentemente escogió ignorar mis oraciones. Pedí mal? Estoy orando a un Dios que yo cree, incapaz de completar lo que pido e incapaz de co-crear conmigo?.

Otra observación que he hecho mientras enseño el Poder Creativo en el grupo de adicción, es la frustración que el adicto siente, quienes odian la adicción pero no son capaces de parar. El Poder Creativo enseña que el resultado es idéntico al pensamiento. Si el pensamiento es "Soy muy gordo" el resultado será que me voy a engordar. Si el pensamiento es "Estoy enfermo" el resultado será que mi enfermedad va a empeorar.

Decidí estudiar al Dios de la Biblia porque mi interés en su manera de pensar parece ser similar al Poder Creativo y al proceso de crear. Lo primero que aprendí en este momento es que el Dios de la Biblia requiere una relación y no únicamente el conocimiento de la existencia de Dios. El Dios de la Biblia también requiere una cooperación activa en el proceso. Esto es claramente expresado en muchas partes de la Biblia: CON DIOS TODO ES POSIBLE. Quiero que se dé cuenta que la Biblia no dice PARA Dios todo es posible. El restablecimiento de la conexión con el Dios de la Biblia también requiere que aceptemos su sabiduría y su poder, Cristo. Una vez que estas tres condiciones estén presentes el Dios de la Biblia parece ofrecer una gran propuesta. En una de las versiones más antiguas de la biblia, publicadas en Inglaterra por el rey Santiago, dice: "Todo lo que usted desee" Esto sugiere que el Dios de la Biblia no tiene límites en lo que le quiere ofrecer.

En el versículo 7 del capítulo 7 del libro de San Mateo, expresa tres veces que debemos pedir para recibir y esto es confirmado en el libro de Santiago. En el libro de Santiago dice que no recibimos porque no pedimos. La Biblia hace énfasis en el papel que yo debo cumplir como co-creador; mi papel es el de pedir. Este proceso empieza a reducir el número de respuestas que yo debo esperar de Dios. Mis observaciones son que el Dios de la Biblia no le contesta a la mayoría de la gente, porque la mayoría de la gente ha rechazado al Dios de la Biblia como el creador que ellos decidieron seguir. También es claro que el Dios de la Biblia nos distribuye en porciones equitativas, como un Dios socialista que ofrecería el mismo beneficio a todos.

Todas estas observaciones sugieren que si decido seguir al Dios de la Biblia y he escogido aceptar a Jesucristo y si yo pido, voy a recibir lo que yo quiero? Un límite muy claro apareció en mi mente. El Dios de la Biblia parece ser la fuente de las cosas contenidas dentro del plan que El tiene para mí. El Dios de la Biblia claramente no puede ser el co-creador si yo estoy pidiendo algo fuera de sus planes para mí. Aun más el Dios de la Biblia no lo va a detener si usted está haciendo algo por fuera de los planes que él tiene para usted. De nuevo, parece que el papel que yo actúo en el proceso es el de pedir pero claramente el Dios de la Biblia no va a concederme las cosas que me causan daño. En el libro de Santiago en la Biblia se expresa que el Dios de la Biblia es la fuente de todos los regalos buenos y perfectos. Como yo el pensador tengo la libertad de repetir pensamientos buenos o pensamientos malos; el Dios de la Biblia es el co-creador de las cosas buenas en mi vida únicamente. Las cosas malas en mi vida son el resultado de mis pensamientos negativos en asociación con un co-creador negativo. Podemos referirnos al co-creador negativo como Satanás o el diablo, dándome la función crucial de escoger los pensamientos que yo repito.

Muchos cristianos con mucha frecuencia rezan o repiten el pensamiento "Esta en las manos de Dios", dando control absoluto al Dios de la Biblia o el co-creador bueno, pero la Biblia expresa exactamente lo opuesto. El co-creador humano debe pedir para que el Dios de la Biblia co-cree con el pensador humano. Yo sospecho que muchas de nuestras peticiones no reciben respuestas porque el humano está utilizando el método "Yo no me meto". Frecuentemente nosotros retrocedemos cuando no queremos hacer lo que sabemos que debemos hacer. El Poder Creativo cambia el proceso porque nos enseña que tenemos un papel muy activo en el proceso de creación, porque mi pensamiento tiene el poder de cambiar mi realidad yo debo mantener una amistad activa con el Dios de la Biblia.

Siguiendo las instrucciones dadas de como rezar o como pedir, yo decidí ponerlas a prueba para poder entender la desconexión que existe entre el pensador humano y el Dios de la Biblia. El versículo 24 del capítulo 11 del libro de San Marcos nos da el método central. En la traducción de la Biblia (NIB) dice que yo debo pedir como si ya hubiese recibido y promete que lo que pido recibiré. Personalmente, tengo problema con la descripción poética utilizada en la traducción de la Biblia. Yo decidí poner este versículo con el lenguaje actual. La versión Cárdenas de este versículo dice "Cuando repite un pensamiento (oración), repítalo en tiempo pasado como si hubiese recibido el resultado y el resultado recibirás". Yo puedo entender mi versión más fácilmente, especialmente que yo estaba poniendo a prueba el Poder Creativo. Empecé a pedir expresándolo en tiempo pasado, sin límites, dentro de los planes que el Dios de la Biblia tiene para mí. Entiendo claramente que si escojo emborracharme por ejemplo, el Dios de la

Biblia no va a participar en este proceso, especialmente cuando la Biblia dice "No se emborraché".

Mi nueva oración decía: "Gracias padre nuestro, me bendice todo el mundo, todo el tiempo, en todos los lugares. Hoy soy más sabio, más bondadoso, más humilde, más fuerte, más saludable, más rico y más valiente. Gracias padre nuestro que mis hijos son pilares de la sociedad. Gracias padre nuestro soy bendecido por mi esposa todo el tiempo". El resto es historia, mi parte fue la repetición de esta oración utilizando mi propia voz. Estoy muy contento de reportar que después de muy pocas semanas de repetición empecé a ver todo muy diferente. Mi miedo desapareció, la amistad con mi esposa continua mejorándose diariamente, y mis hijos continúan moviéndose en la dirección descrita. Fui bendecido con una bella nieta. Tengo que admitir que inicialmente me dio miedo de que todo lo que había pedido lo estaba recibiendo. Pero rápidamente llegue a la realización que las promesas del Dios de la Biblia son ciertas. Hoy continuo repitiendo mi oración con la confianza de que el Dios de la Biblia es mi buen co-creador y el parece estar muy cerca a mí, casi como un guardaespaldas; mi guía, mi fuente, mi maestro, pre-creando las cosas que yo necesito para que yo continúe co-creando todas las cosas buenas de mi vida que escojo y pido dentro de los planes que El tiene para mí.

Mi habilidad de confiar en el Dios de la Biblia continúa creciendo y recibo su gracia en mi vida todo el tiempo haciendo que sea bendecido por todo el mundo, en todas partes y todo el tiempo, mi realidad. Ya no siento temor del futuro. Mi futuro es creado por mi Dios y mi manera de pensar. El hecho de que elimine los pensamientos negativos y los remplacé con positivos hace que mi futuro se vea mucho mejor. Ahora vivo en una realidad que me permite gritar "Gracias Padre nuestro mi vida se mejora todo el tiempo" Exactamente como la Biblia lo había predicho.

CAPITULO VEINTIUNO

CRIANDO HIJOS Y EL PODER CREATIVO

Después de reconocer el Poder Creativo, empecé a recibir los éxitos de utilizar el Poder Creativo correctamente. Mi deseo inmediato era enseñarle lo que yo he aprendido a cualquier persona que me escuche. Mis hijos cayeron víctimas de esta motivación y yo empecé a experimentar con ellos, a ellos y por ellos. La primera pregunta que llego a mi mente fue, "Puedo cambiar a otra persona?". Recuerde que una pregunta es el punto de origen de los pensamientos y dependiendo de la respuesta que escoja. Su cerebro viajara en la dirección especifica escogida y pondrá su respuesta en acción. Lo que su cerebro va a ver van a ser los paso requeridos que usted debe tomar para que el pensamiento sea una realidad. Hasta este momento cuando tuve que contestar esa pregunta, yo había estado funcionando con el pensamiento "No puedo cambiar a nadie". Este último pensamiento tenía que ser rechazado. Decidí empezar a repetir "Si, yo puedo cambiar a la gente". No tenía nada que perder.

El resultado de mi repetición fue que yo sentí la motivación de ayudar a cualquier persona que estuviese sufriendo. Yo había entendido que mis pensamientos no cambian las acciones de otras personas. Pero entendí fácilmente que mis acciones causadas por mis pensamientos tenían el poder de cambiar la manera que otros piensan. La realización de que la energía producida era proporcional a mi repetición y con el hecho de que mis hijos vivían en mi casa, ellos se convirtieron en mis primero pupilos. El trabajo hecho con mis hijos fue la base por las cuales el primer capítulo fue escrito "El trabajo que debe hacerse". Sin ir a mucho detalle, cambios casi como milagros comenzaron a ocurrir; yo quiero decir que mis hijos son posiblemente mi mejor trabajo y continuamos moviéndonos en la dirección a un éxito sin límites. La repetición de pensamientos positivos, pensamientos eternos nunca debe parar.

Después de empezar a ver éxitos, empecé a sentir un grado de ira, porque yo había desperdiciado mi energía y tiempo antes de entender el Poder Creativo. En mi mente me preguntaba porque no hubo alguien que me dijera de este poder?. El Poder Creativo es muy lógico. Me sentí engañado de que nadie parece entender este poder. Cada vez que enseñé este poder a otras personas, su entendimiento es recibido con sorpresa y maravilla. El Poder creativo es muy simple, pero muy importante y muy poderoso. Esto me hizo entender que me estaba convirtiendo en la persona que yo había deseado que yo hubiera conocido cuando era más joven. Sentí la motivación y propósito de continuar hablando acerca de esta energía creada por la repetición de pensamientos.

Uno de los primeros pasos en mi desarrollo en este aspecto de criar niños fue analizar todos los pensamientos que yo había estado repitiendo hasta este momento. Había estado repitiendo "Yo no puedo cambiar a la gente" y "Los hijos vienen sin instrucciones". Si usted repite "Los hijos viene sin instrucciones" Ahora usted ya puede predecir que pasara. Mi realidad se convirtió en un estado de confusión. Como la mayoría de los padres esperaba que mis hijos caminaran por un sendero iluminado. Al mismo tiempo que yo estaba buscando ese mismo sendero. En mi corazón sentía ansiedad y me calmaba diciéndome que al menos les estaba dando un buen ejemplo. Me di paz repitiendo el pensamiento "Estoy haciendo lo mejor posible". Desafortunadamente no me daba cuenta que el pensamiento "Estoy haciendo lo mejor posible" es muy destructivo. Si usted repite el pensamiento "Estoy haciendo lo mejor posible" o cualquier otro pensamiento el cerebro le va a mostrar los pasos que usted debe tomar. Este pensamiento revelaría que usted no tiene que hacer nada diferente. Por lo tanto usted continua haciendo las mismas cosas que ha estado haciendo en el pasado. Usted no va a ver la necesidad de cambiar su dirección, su posición. El resultado final es que usted continúa recibiendo los mismos resultados que usted ha recibido hasta este momento, es como un círculo vicioso. Es muy frustrante cuando usted ve a sus hijos desviándose del sendero que usted deseaba que ellos siguieran pero siendo incapaz de ver qué dirección es la dirección correcta. La duda y el miedo se convierten en sus compañeros cuando usted está educando a sus hijos.

Comencé a experimentar con dos pensamientos, "Cada día soy un mejor padre" y "mis hijos son pilares de la sociedad". Los resultados empezaron a aparecer rápidamente. Empecé a sentir la responsabilidad de tener que entrenar a mis hijos y sentí la confianza de mi autoridad.

Fue casi como si yo estuviese escuchando a otros padres que se repiten, cuando el niño está teniendo un berrinche, "Yo soy el adulto". Rápidamente pase de amigo a maestro, cada palabra y cada acción tenían intención y propósito. Inicialmente hubo algo de resistencia, pero más tarde mis hijos reportaban la habilidad de confiar en mí. Fue en este punto cuando me di cuenta que mis acciones estaban cambiando la manera de pensar de mis hijos.

Más tarde cuando empecé a estudiar los pensamientos, el tamaño de los pensamientos, la energía de la repetición y la creación de situaciones que promueven la repetición, allí entendí que no solo tenía la responsabilidad de entrenar a mis hijos, pero también tenía la habilidad. Me sentí capaz. Ahora sabia que enseñar y como enseñar a mis hijos. Antes de entender el Poder Creativo mi enfoque era en la profesión, la plata y el éxito. Ahora que entiendo el Poder Creativo mi foco ha sido su manera de pensar y particularmente en que pensamientos están repitiendo. Pase de estar preocupándome de las cosas de este mundo y empecé a enfocarme en desarrollar su carácter. Encontré agradable descubrir que no me estaba preocupando de los resultados y las acciones como me estaba preocupando por los pensamientos que repiten. Fue más fácil perdonar acciones y empecé a enfocarme exclusivamente en los pensamientos que causaron esas acciones, requiriendo un cambio de pensamiento.

Recuerdo haciéndoles cambiar su manera de pensar de "Yo no puedo" a "Yo puedo hacer todo". Tuve que exigirles ser honestos, no mentir, no robar, ayudar a los pobres, querer a los vecinos, perdonar todo el tiempo, además de motivar para que soñaran sin límites. Me encontré atraído por las cosas que la Biblia enseñaba y sentí el respaldo Bíblico de mis acciones. Hoy no tengo duda en mi corazón de que mis hijos saben que hay energía en mis pensamientos. No tengo duda de cuál va a ser su futuro. Teniendo la certeza de que mis hijos serán mentores de hombres y mujeres, porque ellos han sentido el Poder Creativo. Cuando empiecen a tratar de influir a otras personas van a encontrar su dirección y el propósito de su existencia.

Empecé a ver un patrón con mi experimentación con el Poder Creativo. Cuando empecé a experimentar con cualquier pensamiento empecé a ver el resultado y a encontrar confirmación en la Biblia. Por lo tanto no había diferencia cuando empecé a entrenar a mis hijos; empecé a notar que por ejemplo el pensamiento "Puedo hacer todo porque tengo el poder y la sabiduría de Dios" era contrario con los pensamientos que estaban repitiendo. Las expresiones "Yo no puedo" y "Tengo miedo" eran muy comúnmente repetidas en mi casa antes de saber del Poder Creativo. "Ame a su prójimo" estaba en contradicción con su manera de pensar "Odio a tal persona..." Los ejemplos de haber cambiado la manera de pensar son muchos, pero la conclusión final fue que los pensamientos de la Biblia eran los pensamientos positivos que yo había estado buscando. Fue maravilloso encontrar todos los pensamientos que estaba buscando en un solo lugar y agrupados de una manera muy lógica. Usted no tiene otra opción más que de admirar que todos estos pensamientos están en un solo libro en una secuencia perfecta, que se dice haber sido escrito en varios miles de años. Quien haría esto, quien es el creador? La respuesta obtenida del Poder Creativo es obvia. Un creador que es bueno, poderoso, sabio, mi creador.

En el libro de Josué capitulo 1 versículo 8 nos muestra el Poder Creativo. Se lee, "Este libro de la ley no se apartara de tu boca (**pensamiento**) si no que meditaras en el, día y noche (**repetir**) para que cuides de hacer todo lo que en él está escrito (**acción**), porque entonces harás prosperar tu camino y tendrás éxito (**resultado**)". Una explicación similar existe en el salmo capitulo 1 pero más poético. Estaba empezando a reconocer que estas instrucciones han existido por mucho tiempo y que el problema ha sido, no mi falta de entrenamiento pero mi carencia de sabiduría. Yo era incapaz de entender las cosas que muchos han intentado enseñarme a través de mi vida. Tengo que advertirle que cuando empecé a leer la Biblia la situación se empeoro. No es que no estuviera sintiendo el éxito, pero se hizo más obvios que las cosas que le tenía que enseñar a mis hijos estaban en la Biblia por siglos, pero de alguna manera yo no lo había entendido. En el capítulo 78 de libro de Salmos, en el versículo 5 y 6 el Dios de la Biblia nos ordena que debemos enseñar estos preceptos a los hijos y aun aquellos que no han nacido, para que la siguiente generación en turno se lo enseñe a sus hijos.

Yo había estado pensando de mi propio proceso de aprendizaje desde niño hasta el tiempo presente. Asumo que empezó cuando mi mama me enseño a rezar; después monjas enseñándome las lecciones de la Biblia, después las cenas que recibí en la primera Iglesia Bautista en Bowling Green como estudiante internacional y finalmente como estudiante de la Biblia como adulto. El tiempo pasado fueron cuarenta años y el número de veces que escuche el mensaje fue de varios miles de veces. Toda esa energía y todo ese esfuerzo culminaron creando quien yo soy hoy. En este momento es muy claro en mi mente que no escuche el mensaje de Dios, porque yo no quería escuchar el mensaje. No era la falta de contenido o la falta de maestro, aparentemente hubo suficiente de ambos. Finalmente todos sus esfuerzos dieron resultado.

Hoy me declaro creyente del Dios de la Biblia, este creador maravilloso es responsable por poner un grupo de pensamientos perfectos en un solo lugar para que nosotros los co-creadores humanos no tengamos que vagabundear muy lejos, para encontrar las instrucciones necesaria para tener éxito en esta vida. Esto era, es y seguirá siendo lo que yo le tengo que enseñar a mis hijos y lo que todos nosotros debemos enseñar a todos los niños de este mundo.

El Dios de la Biblia me da un propósito a mi vida "Ve y has discípulos". Si yo me tomo como un ejemplo personal, me tomó muchos años y muchos intentos por mucha gente para conectarme con mi verdadero creador, por lo tanto he desarrollado una actitud de amistad con todos aquellos que han tratado, están tratando y continuaran tratando de entender esta vida sin la brújula que Dios nos provee. El Dios descrito en la Biblia me ha dado una segunda oportunidad, una tercera oportunidad, una cuarta oportunidad, casi como sin fin. Mi creador, el creador de la Biblia nunca se rindió. Esta es la actitud que yo debo tomar cuando estoy haciendo discípulos, especialmente con mis hijos. Mi consejo final es que usted debe enseñar a sus hijos a repetir únicamente los pensamientos dados por nuestro creador y Dios todo poderoso.

CAPITULO VEINTIDOS

EL RACISMO

Unas de mis metas cuando era niño era ser parte de la solución para eliminar la pobreza en el mundo, esto empezó en un tiempo cuando yo creía que todo era posible, esta idea nunca se ha ido de mi cerebro, pero se mueve en importancia hacia arriba o hacia abajo, dependiendo de que tanto tenga que hacer hoy. Una vez que yo reconocí el proceso de crear y el Poder Creativo, empecé a experimentar con esto procesos especialmente en la práctica de medicina. Cuando estaba tratando de ayudar a mis pacientes no podía evitar reconocer el número de pensamientos negativos que mis pacientes repetían. Mi cerebro era como un ninja entrenado y automáticamente empezaba a responder que efectos el paciente iba a sufrir si continuaba repitiendo sus pensamientos negativos. Después de un poco de observación, empecé a ver un patrón. Aquellos que sufren más se quejan mas, era un caso de que ocurrió primero, la gallina o el huevo? El Poder Creativo nos da la respuesta, el quejarse ocurrió primero, porque el quejarse es un pensamiento que cuando es repetido causa acciones negativas y finalmente estas acciones negativas tiene consecuencias.

Como científico bien entrenado decidí extender mi observación por muchos años, para poder entender si mi observación era consistente, para así poder hacer de esta una regla general, que aquellas personas que más se quejan más sufren. Fue durante este tiempo de observación donde empecé a poner atención a los líderes cívicos del momento, especialmente a aquellos que hablaban del racismo. Empecé a observar la consistencia de sus quejas. Las noticias proveían la atención a muchas de estas figuras con un intenso esfuerzo para que todo el mundo fuera informado. En contraste, mi análisis era muy simple porque yo estaba utilizando el Poder Creativo para determinar mi simpatía o apatía por su causa.

Es de común conocimiento que antes de 1970 hubo leyes que discriminaban a los ciudadanos basados en el color de su piel, pero no se puede decir lo mismo en el tiempo presente. Si alguien sabe de estas leyes, por favor déjemelo saber. No pretendo saber de toda ley. Por lo tanto la pregunta que encuentro en mi mente es "Porque cincuenta años más tarde hay gente que continua quejándose?" Desde el punto de vista sociológico, dos generaciones han pasado pero en la mente de mucha gente el tiempo no ha cambiado y el problema continua afectado a los jóvenes de hoy y otros adultos. Para algunas personas el problema parece peor que lo que era hace cincuenta años, todo esto ocurrió a mí alrededor cuando estaba estudiando en la universidad con aquellos que se consideraban minorías. Era muy confuso para mí escuchar las quejas de los líderes de minorías cuando al mismo tiempo muchos incluyéndome, estábamos gozando la ausencia de obstáculos debido a la raza.

No pude evitar y tuve que pensar en uno de los héroes de mi vida, mi padre. Mi padre salió de su casa a la edad de doce años, tratando de escapar de un medio ambiente afectado por el alcohol y la ira. Mientras sus otros hermanos con menos ganas de aventura continuaron en esta situación. Moviendo el tiempo hacia adelante unos sesenta años, encuentro que mi padre está disfrutando de mucho éxito en muchas áreas de su vida mientras que sus hermanos continuaron la misma historia que sus padres. No fue hasta hace quince años cuando descubrí el Poder Creativo, que pude encontrar la explicación de la diferencia entre mi padre y sus hermanos. Hoy aun recuerdo a mi padre constantemente repitiendo el pensamiento "ahí vamos bien" En el presente mi padre a la edad de 83 años continua trabajando diariamente. Poniendo a algunos de mis hermanos en vergüenza teniendo en cuenta la diferencia de edad.

La conclusión estaba apareciendo obviamente, que existen dos tipos de individuos en este mundo y que la raza no tiene nada que ver con la manera de pensar. Hay pensadores positivos y hay pensadores negativos.

La mecánica del problema del racismo o lo que la gente llama racismo en Estados Unidos es muy fácil de entender. Si usted toma una persona joven llena de ira, desempleada, sin motivación, de cualquier raza y usted coloca esta persona como resultado del Poder Creativo sería muy fácil entender que sus resultados son posibles por sus acciones. Sus acciones son el resultado de los pensamientos que esta persona ha estado repitiendo. De la misma manera yo puedo predecir que pensamientos esta persona está repitiendo porque ya sabemos que el pasamiento y el resultado son iguales. En términos generales este individuo que se siente privado de derechos, debe estar repitiendo el pensamiento como "Soy víctima de este sistema". El sistema es visto como todo lo que está fuera de su control: El gobierno, la policía, los colegios, cualquier individuo que tenga éxito, ricos, pobres, alguien que no comparte su manera de pensar acerca del sistema. Este pensamiento específico "El sistema" es impenetrable, indestructible y es imposible ganarle en la mente de este joven pensador. Mucha gente nunca cambia su manera de pensar y sufren sus consecuencias toda su vida. Como este pensamiento es negativo, produce acciones negativas y resultados negativos. Para este pensador víctima del sistema no hay diferencia que algunos de sus amigos que crecieron en el mismo sistema fueron capaces de obtener éxito. Su fracaso es simplemente la culpa del sistema. La única excusa que yo daría a estos pensadores negativos es que hasta hoy el Poder Creativo no es enseñado en los colegios. Me siento seguro de que con este libro y muchos a seguir vamos a enfocarnos en la causa real del problema: Sus pensamientos negativos. Si un individuo sin importar su raza o sexo o religión u origen repite este pensamiento "Soy víctima del sistema", su cerebro va a mostrarle únicamente las opciones que completan ese pensamiento. Por favor recuerde que esto lo predice la Ley Cárdenas. El cerebro no únicamente le va a mostrar muy pocas oportunidades, pero el cerebro únicamente lo va a motivar a escoger las opciones que lo hacen victimas en su propia mente. La solución es muy simple, pero la solución esta oculta de los líderes cívicos porque ellos no parecen saber del Poder Creativo. La solución es muy simple, el pensador debe cambiar su manera de pensar.

En vez de crear maneras para cambiar nuestra manera de pensar otras soluciones fueron establecidas por el gobierno. Desde hace cincuenta años y después de mucha discusión, estos gobiernos han puesto programas creando oportunidades e intentando cambiar la realidad en vez de cambiar la manera de pensar. El gobierno y los líderes cívicos no entienden que el individuo no es capaz de beneficiarse de estas oportunidades porque ellos han estado repitiendo el pasamiento "Yo soy víctima del sistema". La mayoría de los políticos con sus mejores intenciones y con sus mejores pensamientos continúan la inversión en programas mientras que repiten que la gente pobre son víctimas del sistema. Causa esto daño? En los capítulos anteriores he enseñado que mis pensamientos no tienen poder sobre sus pensamientos y esto continúa siendo ley. Sin embargo mis acciones si afectan su manera de pensar. Cuando un líder continua repitiendo que la gente joven de una raza en particular son víctimas del sistema, causa que dicha juventud continúe repitiendo la misma manera de pensar, haciendo la energía creada más fuerte, así causando victimas de muchas rasas. Sí, yo culpo a los líderes que vomitan odio y negatividad del sistema que ellos mismos han creado en los últimos cincuenta años.

Un factor que complica este proceso es el papel que la televisión y los periódicos y aun más intenso el papel del Internet y las redes sociales. Con el número de las repeticiones aumentando también aumenta la energía creada. Debido al hecho que comenzamos con un pensamiento negativo la energía generada va a ser negativa, las acciones van a ser negativas y los resultados van a ser negativos. Los jóvenes de raza negra, los jóvenes hispanos, los jóvenes de raza blanca que se sienten sin derechos recurren a la violencia, porque la violencia es el resultado de su manera de pensar. Finalmente, la violencia no tiene raza, el pensar no tiene raza y el sufrir no tiene raza. Por lo tanto el sufrimiento continúa porque esta gente joven no se da cuenta del Poder Creativo.

Una observación muy importante para mí fue que yo estudie con hombres y mujeres de raza negra, hombres y mujeres de la raza hispana, hombres y mujeres de Asia que superaron los obstáculos presentes en esta sociedad. Porque esta gente joven que nació en el mismo país, de los mismos barrios fueron capaces de superar estos obstáculos? Esta pregunta es la misma pregunta que yo me hice cuando estuve buscando la explicación del éxito de mi padre. Como es que un niño de doce años que se escapo de su casa termina teniendo tanto éxito? La respuesta es muy fácil de ver si usted conoce el proceso de crear y el Poder Creativo. Sin embargo, la respuesta esta oculta, si usted no sabe que todo se determina por su manera de pensar.

Es la solución fácil y conocida? Por supuesto que lo es; El mejor ejemplo recientemente me lo dio el señor Morgan Freeman en una entrevista que le concedió al periodista Harry Reasoner. El señor Freeman dice: "No me llame hombre negro y yo voy a parar de llamarlo hombre blanco".

En otras palabras, todos los pensamientos acerca de las razas deben desaparecer, no se deben mencionar. Si usted no repite estos pensamientos la energía creada por las repeticiones del pasado va a desaparecer. Imagine que pasaría si la televisión, los periódicos y las redes sociales dejan de usar la raza como causa de división. Es muy fácil imaginar. Todos vamos a parar de ver la raza como la causa del problema. Si eliminamos las razas como causa del problema, causaría esto que los problemas creados por el odio desaparezcan? Por supuesto que no. Especialmente que hay gente que continua repitiendo que ellos son víctimas del sistema. La raza simplemente desaparecería de ser un factor en sus excusas. Características personales empezarían a ser creadas como la explicación de por qué usted tiene o no tiene más éxito que la persona que está sentada a su lado. A menos de que todos nos familiaricemos con Poder Creativo y el proceso de creación, nosotros nos vamos a preguntar y nos vamos a quejar que otras personas son la causa de nuestro fracaso.

Porque era que la gente joven con los cuales yo fui a estudiar a la universidad eran diferentes de las otras personas jóvenes que tuvieron menos éxito? Porque tuvo mi padre más éxito que sus hermanos? La respuesta viene del Proceso Creativo y la diferencia está en la manera de pensar. Yo empecé a estudiar de la gente con éxito y un patrón comenzó a aparecer rápidamente. Un factor común que casi me gritaba "Míreme" era que la gente con más éxito iban a la iglesia. Cuando pensé acerca de mi padre, que realmente asistía a la iglesia en raras ocasiones me di cuenta que El tenia una fe muy profunda en la Virgen María, la madre de Cristo. El punto común parece ser el conocimiento y la expectativa de beneficio por un poder superior que el pensador.

Como recibimos esta conexión? Para la mayoría de gente de fe, este viaje comienza en casa. Esto era cierto para los estudiantes con los cuales estudie medicina. En general hay un par de padres que nos conectan a Dios desde niños, pero estos no necesariamente tienen que ser sus padres biológicos. Cualquier adulto puede transferir su manera de pensar a la siguiente generación. Muy frecuentemente cuando estoy enseñando como pensar a cualquier grupo repito que como mis padres tomaron la decisión de tolerarme aunque mi comportamiento no era tan bueno, ellos me influenciaron y me moldearon. El entrenamiento no paró hasta que yo llegue a adulto. Tengo que aceptar que a mí me dieron más que al resto del mundo, por lo tanto, mi éxito fue un regalo dado por mi creador que vio necesario darme dos excelentes padres cuando yo era niño. Mi madre me enseñó acerca de Dios y mi padre me enseñó que yo era capaz de alcanzar todos mis sueños. Ellos me inculcaron la existencia de Dios y también mi habilidad para trabajar fuertemente.

Regresando a la gente joven que piensan que son víctimas del sistema y sin tener en cuenta su raza, la pregunta que necesita respuesta es: Puedo cambiarlos? Podemos hacer algo? El Poder Creativo nos da la respuesta. Por supuesto que Si!. El primer paso es causar que ellos cambien la manera de pensar, el siguiente paso es crear un medio ambiente donde el pensamiento positivo sea repetido. Sería como re-criar de la misma manera que la mayoría de nosotros que tenemos éxito fuimos criados. La mejor descripción que viene a mi mente para este proceso sería como el de hacer discípulos.

Hacer discípulos parece ser un proceso que empieza causando que una persona confié en nosotros. Esto también requiere la presentación de una manera nueva de pensar. Que pensamientos debo enseñar cuando estoy haciendo discípulos? Cuáles fueron los pensamientos que me dieron éxito? Nuevamente, el poder creativo me enseña que pensamientos positivos me dan resultados positivos. También me enseña que pensamientos grandes me dan resultados grandes. Uno de los pensamientos que entra en mi mente inmediatamente es "Yo puedo hacer todas las cosas porque yo tengo el poder de Dios y la sabiduría de Dios". Este pensamiento quita todas las excusas posibles que yo pudiese haber creado con mi manera de pensar. No causaría daño si también repito "Los planes de mi Dios son cuidarme y darme éxito" En conclusión retorno a la dependencia y fe en la manera de pensar que se enseña en la Biblia. Por lo tanto la iglesia tiene el poder, la habilidad y la misión de arreglar este problema de la condición humana, no únicamente en Estados Unidos, pero en todo el mundo en donde encontremos gente sufriendo por su manera de pensar negativa.

CAPITULO VEINTITRES

PENSAMIENTOS PARA EVITAR
Y PENSAMIENTOS PARA REPETIR

Cuando descubrí el Poder Creativo, me empecé a dar cuenta que mucha gente en diferentes momentos de su vida habían sido capases de ver pequeñas partes del proceso creativo. Escuchaba del poder de los pensamientos positivos, pero aun así nadie me advirtió acerca del poder su homologo, la energía negativa. El señor Zig Zaglar viene a mi mente como uno de los más recientes ejemplos. Cuando era entrenador del equipo de futbol de niñas en donde mi hija participaba, yo les daba charlas motivacionales, las cuales contenían pequeños pedazos del proceso, pero en ese momento yo aun no tenia total conocimiento del método. Recuerdo también encontrándome con descripciones similares en el mundo de los negocios. Se comienza con la visión, se crea una frase de misión, se diseña el plan de acción y finalmente se evalúan los resultados. Desafortunadamente, el escritor de los sistemas de negocios no vio la idea completa. Cuál es la idea completa? La gran idea es que su realidad ha sido creada por todos sus pensamientos; Sin acepciones

Mientras estaba leyendo el libro *La llave maestra del pensamiento*, Me sentí atraído hacia una declaración en particular que fue expresada casi de paso. El autor de este libro escribió que el poder viene de sí mismo al saber que tiene el poder. Medítelo por unos minutos. La explicación es que el primer paso en este proceso, es aceptar que los pensamientos tienen energía. Si usted no cree esto, usted va a continuar pensando sin darse cuenta que usted es el autor de su realidad. No darse cuenta que usted es el autor de su realidad, no remueve las consecuencias de sus pensamientos. Una vez que usted se da cuenta de este poder, su poder va a comenzar el proceso de analizar básicamente cada pensamiento que sale de su boca. Usted debería en este momento comenzar a poner estos pensamientos a través del ejercicio del espejo. Rápidamente usted se dará cuenta que un pensamiento negativo no significa necesariamente que sea despectivo o malicioso. Recuerdo que cuando yo era obeso, repetía "Adoro los brownies" El resultado era que no había ningún brownie que se fuese a salvar de mí en diez millas a la redonda, aun si estuviese lleno, me lo comería sin importar que mi gordura aumentara. Inmediatamente me di cuenta del poder de los pensamientos, cambie mi pensamiento al de "Odio los brownies". Me doy cuenta que estoy utilizando la palabra odiar, pero la consecuencia de ese pensamiento en particular fue que no me sentía atraído mas por los brownies, ya no era víctima de ellos. Encontré liberación de ese tipo de comidas y comencé una vida más saludable. Para poder determinar si un pensamiento en particular es bueno o malo, debemos comenzar por ver al pensador y predecir la realidad que este pensamiento va a causar. Es la combinación de pensador más pensamiento que determina si deberíamos continuar repitiendo ese pensamiento en particular, dependiendo de las metas deseadas por el pensador/creador.

En termino generales, los pensamientos que debemos evitar son aquellos que: Causan dependencia, limitaciones, debilidad y obstáculos; pensamientos de odio; pensamientos de placer sin límites; pensamientos que nos harían romper la ley si se hicieran realidad; pensamientos que causan separación entre las familias; pensamientos de falta de perdón, pensamientos egoístas, pensamientos destructivos en vez de pensamientos creativos, pensamientos irresponsables, pensamientos que causen miedo, pensamientos que perturban, pensamientos de separación, pensamientos de enfermedad, pensamientos ingratos, pensamientos de fatalidad, pensamientos de desesperación, pensamientos de soledad, pensamientos impacientes; pensamientos que causan vergüenza, ira, culpa; pensamientos que causan envidia; pensamientos de orgullo; pensamientos deshonestos y mentiras; y cualquier pensamiento con cualquier campo de acción limitado. Pienso que si pudiera tomarme el tiempo, podría seguir escribiendo pensamientos negativos de aquí a la eternidad y nunca terminaría la lista. En ves, mi meta es entrenarlo a crear todo lo opuesto, pensamientos positivos y entrenarlo como darse cuenta de las diferencia de pensamientos que hay.

Tenemos un par de ejemplos para estudiar en este momento y para entrenarlo en la creación de pensamientos positivos:

"Gracias Dios mío, mi vida es perfecta todo el tiempo". Este pensamiento en particular comienza con las palabras "mi vida". El campo de acción es completo y no deja nada al azar. La palabra "Perfecta" enfatiza en el nivel de excelencia y sería casi imposible mejorarla, excepto de manera semántica, pero no en la práctica. He dicho "Mi vida es perfectísima" pero el nivel de perfección es verdaderamente difícil de visualizar. Este pensamiento finaliza con "Todo el tiempo". Estas palabras en particular le permiten al pensamiento tener un inmenso campo de acción. "Mi vida" hace de este pensamiento eterno, un pensamiento eterno, sin fin. Todo y todo es un pensamiento muy positivo y altamente recomendado para la repetición. El campo de acción puede ser más pequeño al cambiar el tema/sujeto. Por ejemplo: Puedo decir, "Gracias Dios mío me veo perfecto todo el tiempo" pero el campo de acción se limitaría únicamente a su apariencia física. Espero que entienda mi punto.

Otro pensamiento que quiero que tenga en cuenta es: "Gracias Dios mío mi vida es mejor y mejor cada día" Nuevamente, el campo de acción es fácil de entender, pero "Mejor y mejor" denota una característica de ascendencia hacia un grado de mejoramiento. Por ejemplo, En términos de dinero, si hoy tengo $100.000; mañana debería estar esperando tener $100.001. Nuevamente, el campo de acción puede ser fácilmente limitado si cambiamos el tema/sujeto, o el concepto del tiempo. Como otro ejemplo:

"Mi esposa es mejor y mejor"
"Mi auto es mejor y mejor"
"Mi trabajo es mejor y mejor"
"Mi salud es mejor y mejor"
"Mis hijos están mejor y mejor"

Mejor y mejor nos da la idea de estar mejorando todo el tiempo y sin quejarnos de que las cosas andan mal. Quejas de cualquier naturaleza serian considerados pensamientos negativos. Mi pensamiento favorito y aunque suene gramaticalmente incorrecto es "Gracias Dios mío porque soy bendecido y rebendedicido todo el tiempo". Aunque en realidad no me preocupo mucho por los que piensan que está escrita incorrectamente, porque sus pensamientos no tiene efecto en mi forma de pensar. Ya que a mí me gusta mucho esa expresión. Se repite frecuentemente y por lo tanto se produce la consecuencia de que soy rebendecido todo el tiempo.

En mi búsqueda de más y más pensamientos positivos, pensamientos con grandes campos de acción y acción eterna, fui llevado a la Biblia. Allí encontré una gran cantidad de ellos. Fue muy difícil escoger entre tanta cantidad. Uno que atrapo mi atención fue primero de Corintios 2:16. Dice así. "Tengo la mente de Cristo". Piénselo por unos minutos. Si tengo la mente de Cristo se convierte en objeto de fácil repetición, claramente mis pensamientos se van a mover en una dirección deferente a la que se habían venido moviendo naturalmente, cuando yo solo repetía mis pensamientos. Nuevamente, estoy intencionalmente limitando al reescribir versículos de la Biblia por que el lector tiene fácil acceso a ellos. En este momento, comenzaba a ver un patrón que lo que yo creía que era positivo, era fácilmente encontrado en la Biblia, lo cual causo que me sintiera aun mas atraído que antes a ella. Mi conclusión es que si usted se pregunta si un pensamiento es positivo, confírmelo comparando con las verdades que se encuentran en la Biblia. Si usted puede refutar el pensamiento con lo que dice la Biblia, mi consejo es que pare de considerar este pensamiento que es digno de repetición. En mi análisis final, si usted no es capaz de encontrar una respuesta directa en la Biblia, yo le sugiero que lo repita y que observe si hay algún cambio de comportamiento, que cambia la realidad que este crea. Si usted se da cuenta que la realidad que este pensamiento está creando es negativa o dañina, vuelva de nuevo y comience a rediseñar o ajustar el pensamiento. Ahora usted es el dueño de sus propias creaciones.

GRACIAS DIOS MÍO HOY SOY MAS SABIO Y MAS SABIO.

CAPITULO VEINTICUATRO

CONCLUSION

Quince años atrás, mi vida como la de muchos de ustedes, estaba llena de cosas lindas, cosas malas y cosa feas. Disfrutaba de absoluto éxito en muchas áreas y absoluto fracaso en otras. Para poder arreglar las cosas en las que estaba fallando en mi vida, empecé una búsqueda la cual me llevó a leer libro tras libro, siempre preguntándome acerca de mis fracasos. Mis fracasos se sentían mucho más intensos que la satisfacción que yo sentía en todas las áreas de éxito. En mi búsqueda por encontrar la satisfacción verdadera, me dirigí a la Biblia y a la iglesia, donde solo encontré una mejoría parcial en algunas áreas y en otras solo encontré más confusión. Vivía con miedo y con ansiedad. Comía para aliviar el dolor, sin mucha diferencia a lo que los alcohólicos o los drogadictos hacen, o cualquier otro adicto hace. Dentro de mi solo tenía sentimientos de desesperanza, mientras que por fuera solo mostraba mi buena cara y una gran sonrisa, para tratar de encontrar todo lo que este mundo tiene que ofrecer. Buscaba dinero, poder y placer. La satisfacción fue temporal. Yo ya había aceptado a Cristo, pero aun no sentía mucho cambio y las tentaciones de este mundo seguían ganando la batalla.

Quince años atrás me había dado cuenta de la energía contenida en algunos pensamientos y comencé a ver el proceso creativo. Comencé a experimentar con el pensamiento y de inmediato sentí su poder. Comencé con la habilidad para controlar mi figura, mi peso, mi dieta y mis ejercicios. Mi éxito me llevo a comenzar un programa donde enseñaba una clase de pérdida de peso. Continué experimentando y continué mejorando. Más y más áreas de mi vida estaban bajo mi control. Pero el darme cuenta que la energía generada por los pensamientos solo afectaba al pensador, me movió dramáticamente hacia adelante. Encontrar que los pensamientos tenían tamaño, me dio muchísimo más entendimiento. Comencé a repetir "Soy más y más sabio". Luego fui llevado a descubrir el proceso creativo que estaba escrito en blanco y negro en la Biblia.

126

Comencé a utilizar el proceso creativo para ayudar a las personas adictas a salir de sus adicciones. También, comencé a aplicar el proceso para entrenar a mis propios hijos. Fueron muchas las noches en las que me quede dormido repitiendo "Soy mejor y mejor padre cada día y mis hijos son pilares de esta sociedad" La relación con mis hijos, la calidad de sus vidas, y la fortaleza de sus propósitos creció rápidamente. Comencé a ver éxito en más áreas de mi vida. Un punto crítico en mi camino, fue cuando encontré en el libro de romanos que Cristo es el poder de Dios y la sabiduría de Dios. Sentí la inclinación de reescribir este versículo que era confuso para mí hasta ese momento. Reescribí Filipenses 4:13 como "Puedo hacer todas las cosas porque tengo el poder de Dios y la sabiduría de Dios". Finalmente, comprendí el regalo de Dios, entendí que todos mis problemas fueron creados debido a mi forma de pensar. La confirmación de esto hecho vino no solo del Poder Creativo, pero directamente de Jesucristo en Mateo 15:19.

Comencé el proceso de limpieza a mis pensamientos, por medio de la renovación de mi mente como lo sugieren en Romanos 12:2. El cambio básicamente incluyo todos mis pensamientos. En la segunda carta a los Corintios 10:5. Este nos enseña que cada pensamiento debe ser analizado y cambiado si es diferente a lo que Cristo nos enseño. El proceso se hizo cada vez más claro y al mismo tiempo mi vida también lo fue. Los temores que alguna vez sentí se hicieron más y más pequeños. La confianza que tenia para alcanzar el éxito ya no tenía limites, pero mi definición de éxito cambio. Encontré el propósito de mi vida. Las cosas que solía perseguir como el dinero, el poder, el placer y posesiones se han ido desapareciendo de mi vida. Comencé mi búsqueda de los tesoros del reino de Dios: Amor, sabiduría y fe. Ahora, ya he recibido las instrucciones adecuadas para el éxito en mi viaje en este planeta, mientras que yo viajo hacia el cielo, en donde me encontrare cara a cara con mi Dios creador.

Mientras tanto, voy a ponerme a trabajar con propósito en mi vida, mientras que al mismo tiempo continúo haciendo discípulos.

Ahora ya sabe,

cariñosamente

Dr. C.

Está cansado de los conflictos en su vida?

USTED NO ESTA SOLO.

Las respuestas han estado en su cabeza todo el tiempo.

Colombiano de nacimiento, Americano por elección, Cristianos por bendición. Jorge Cárdenas, MD., FACOG. Recibió su grado de Biología y Química en la Universidad de Western Kentucky, Atendió DREW/ UCLA Colegio de medicina donde recibió su título de médico; luego completo su entrenamiento de residencia y postgrado. Miembro del Colegio de Obstetricia y Ginecología de los Estados Unidos desde 1990. Ha practicado la medicina en su clínica privada en Paducah, Kentucky desde hace 22 años.